JN410983

겨울 은하수

겨울 은하수

초판 1쇄 인쇄일 2019년 11월 27일
초판 1쇄 발행일 2019년 11월 30일

지은이 김진봉
펴낸이 양옥매
교　정 임수연

펴낸곳 도서출판 책과나무
출판등록 제2012-000376
주소 서울특별시 마포구 방울내로 79 이노빌딩 302호
대표전화 02.372.1537　**팩스** 02.372.1538
이메일 booknamu2007@naver.com
홈페이지 www.booknamu.com
ISBN 979-11-5776-811-0(03800)

이 도서의 국립중앙도서관 출판시도서목록(CIP)은 서지정보유통지원 시스템
홈페이지(http://seoji.nl.go.kr)와 국가자료공동목록시스템
(http://www.nl.go.kr/kolisnet)에서 이용하실 수 있습니다.
(CIP제어번호 : CIP2019048561)

*이 책은 2019년 충북문화재단의 후원으로 제작하였습니다.

겨울 은하수

金鎭鳳 隨筆集

책과나무

표지 사진

떨어진 꽃잎이 핀 꽃보다도 더 애련하여 아침에 본 꽃을 저녁에 다시 본다. 그리고 이내 그가 떠난 자리를 본다.
열화와 같이 피어오르다가 지는 꽃잎이 마치 사랑의 불꽃을 태운 것처럼, 열정을 다한 것처럼, 그들이 떠난 자리에 작은 씨앗이 맺힌다.
– 본문 「꽃이 지다」 중에서

'겨울 은하수'를 내면서

꽃을 보려 길을 나설 때가 있다.

나비가 꽃 위에 나는 모습을 본다. 아직 나비가 나는 꽃이 아니라 하더라도 상상 속에 그려 넣을 수가 있다.

꽃밭을 만들려 꽃씨를 받기도 한다.

우리는 얼마나 많은 영혼의 꽃씨를 뿌려 왔던가!

그 영혼의 나비가
날아와
내 영혼의
꽃씨를 바라본다.

밤하늘의 별들을 올려다본다. 수많은 별들이 꽃씨가 되어 빛나고 있다.

이 책을 읽는 이들이 보다 행복해지기를 기원한다.

二千十九年 五月 七日

琅城面 三山里 농원에서

• 차례 •

3부 – 밤꽃

4부 – 겨울 은하수

1부 - 꽃씨와 나비소녀

꽃씨와 나비소녀

흰 가마를 타고 가는 여인은 죽은 남편에게 시집가는 기구한 여인이다. 그녀는 약혼한 남자가 죽으면 흰 가마를 타고 시집을 가서는 한 번도 보지 못한 남편의 묘에서 매일 곡을 해야 한다. 슬픈 눈물이 흐른다.

슬프게 슬프게 울고 있는데 날이 어두운 어느 날 산소가 열리면서 그 여인이 그 산소 속으로 홀연 들어갔다. 깜짝 놀란 몸종이 아씨의 옷고름을 잡았으나 옷고름은 찢어져 나비가 되어서 날아가고 말았다.

꽃씨를 받으려고 꽃으로 갔다. 저 언덕의 꽃이 씨가 되어 여물 때까지 기다렸다. 이렇게 기다리다 잊고 잊고 하여 매년 생각만 있던 꽃씨를 받으려는 것이다. 내가 이 꽃씨를 심어 나의 고향으로 삼으리라 마음먹었다.

나는 그 꽃씨를 받고 있는 것이다.

이런 생각들이 얼마나 현실적일지는 모르나 그런 생각을 하노라면 이미 마음은 어느 꽃밭을 거닐고 있다.

때로는 현실과 상상이 공존할 때도 있다.

꽃씨를 받고 있는 것은 생시가 아닌가? 상상은 꿈과 같은 것이다. 꼭 잠을 자야 꿈을 꾸는 것은 아니다. 인간이 현실에서 얼마나 많은 꿈을 꾸는가?

꽃씨를 받고 있는데 흰나비가 내게 날아왔다. 꽃 위에서 한참이나 그의 가냘픈 날개로 작은 숨을 쉬더니 내게 날아들었다. 어쩌면 그의 영혼은 어느 영혼을 찾고 있는지도 모른다. 상상이란 영혼만이 할 수 있는 것이다. 육체를 떠난 상상은 영혼의 경험이다.

그 영혼의 나비가
날아와
내 영혼의
꽃씨를 바라보고 있는 것이다.

나는 꽃씨를 따서 비닐 봉투에 담았다. 그리고 언젠가 내 꿈이 이루어지는 날 나는 그 영혼의 나비를 나의 꽃밭에 다시 초대할 생각이다. 내 꽃밭은 아직은 상상의 꽃밭인 것이다.

꽃씨를 받아 집으로 돌아와 그것을 아내에게 내놓았다.

"아……."

"꽃씨!"

"우리……."

"봄에 씨를 뿌려요."

아내는 냉장고에 넣어 두자 하였다.

그 말을 듣고 어떤 꿈에서 깨어 생시로 돌아온 느낌이 들었다. 현실로 돌아와 그의 말을 듣고 있다.

꽃씨를 저온으로 차게 보관하지 않으면 잘 발아하지 않는다고 했다. 나비소녀가 부활한 것처럼 꽃씨의 부활을 이야기하고 있는 것 같았다.

저 꽃씨가 부활하기 위해서는 추운 겨울을 지내야 한다.

흰 가마를 타고 시집온 슬픈 여인은 나비로 부활하여 그의 임이 있는 꽃밭으로 날아왔다.

여인은 나비가 되어 그의 임이 있는 꽃으로 날아간 것이다.

나비는 그 임이 살아 있기를 바라는 간절한 여인의 현신이다.

꽃은 임의 부활이기에 나비소녀는 임을 찾아 그 꽃에 안겼다. 내 상상 속에 존재하는 내 정원의 꽃밭은 내 영혼의 부활일지도 모른다

나는 아직 받아야 될 꽃씨들이 무수히 많다. 그 꽃씨가 봉지 봉지 모이는 날 나의 꽃밭은 봄, 여름, 가을 꽃들이 필 것이다. 그리고 나비소녀도 임을 찾아 그 꽃밭에 올 것이다.

꽃이 지다

어떤 꽃잎은 벌써 바람에 날리다 떨어져 지상에 몽롱히 흩어져 있다. 이것은 어떤 사랑처럼 격정으로 왔다가 황홀함이 채 가시기도 전에 끝나버린 애련과 같은 것인지도 모른다.

그러함에도 꽃을 좋아하고 사랑함은 그 속에 우리의 마음이 숨겨져 있기 때문이 아닌가 한다. 가령 아름다움을 보면 어떤 것을 회상하는 것처럼 말이다. 그 아름다움과 아무런 관련이 없는데도 불구하고 무의식이든 의식이든 홍역처럼 지나간 과거의 한 유적이 잠들어 있던 그 열정과 아픔을 자극하기 때문이 아닌가 한다.

황량하고 내 삶을 괴롭게만 몰아치던 격랑(激浪)과도 같은 젊음의 유적이 되살아나기 때문이다. 그런 모두 고통은 잊고 싶었으나 세월 속에 스러져 잊혀진 사랑의 감정이 다시 일어섰기 때문이다.

나는 오늘도 책상머리에 앉아 불빛이 비치는 밖을 내다보고 있다. 그리고 어른들이 들으면 싫어할 얘기를 생각하거나 쓰고 있다.

내가 떨어진 꽃잎 얘기를 끄집어낸 것도 그중의 하나다. 이렇게 떨어진 꽃잎을 다시 주워들은 것은 단지 떨어진 꽃잎이 애달프다거나 슬프기 때문이 아니라 떨어진 꽃잎에서 내 과거의 흔적이 떠올랐기 때문이다.

꽃이 피기 전에는 기다림으로 희망으로 보다가 꽃봉오리가 피어나기 시작하면 기쁨으로 본다.

아…….

저기도 피었군!

며칠 전만 해도 도무지 필 것 같지 않게 보이더니만 저리 활짝 피었다. 그렇게 핀 꽃이 며칠이 지나지 않아 땅에 떨어져 뒹구는 모습을 보니 애련하기만 하다. 떨어진 꽃잎이 핀 꽃보다도 더 애련하여 아침에 본 꽃을 저녁에 다시 본다. 그리고 이내 그가 떠난 자리를 본다.

열화와 같이 피어오르다가 지는 꽃잎이 마치 사랑의 불꽃을 태운 것처럼, 열정을 다한 것처럼, 그들이 떠난 자리는 그 자리에 작은 씨앗이 맺힌다.

꽃잎이 떨어진 아픔 뒤에는 열매가 달린다. 나는 꽃잎이 여인의 치마와 같다고 생각했다. 어떤 꽃잎도 여인의 치마를 닮지 아니한 꽃잎은 없다. 꽃은 여인의 치마와 너무나 닮았다.

아니다.

꽃이 여인의 치마를 닮은 것이 아니라, 여인(女人)이 그 꽃에서 치마를 가져왔는지도 모른다.

그리고 떨어진 꽃잎은 어머니가 되었다. 나는 떨어진 꽃잎에서 그 여인의 치마를 생각한다. 영락과도 같았던 화려했던 꽃잎의 치마는 어느새 떨어져 내려 여인의 치마가 되었다.

피는 꽃도 지는 꽃도 아름다운 청춘이다. 피는 꽃에서, 지는 꽃에서, 청춘의 아름다움을 과거의 유적을 발견해 내는지도 모른다.

그 열매들은 푸른 잎들과 함께 여름을 향하여 자랄 것이다. 자그만 어린 열매는 온갖 풍우(風雨)를 이겨내고 실히 자라 열매로 다시 대지로 돌아갈 것이다. 그곳은 그 꽃잎이 진 자리다.

그곳은 어머니의 흔적이 있던 자리다.

아!

꽃잎이 벌써 지는군!

나는 오늘 아침 그 꽃잎을 밟으며 왔다.

그리고 그 작은 꽃잎이 바람에 쓸려 지나가는 것을 보았다.

감꽃

이 세상에 아름다운 꽃이 수없이 많지만, 눈에 잘 뜨이지도 않는 꽃이지만, 이 계절만 되면 온갖 것 제쳐 두고 감꽃이 스미어 올라온다. 무엇에 정이 들어 그리워하는가?

마당 가득 떨어져 있던 감꽃,
어쩌면 감꽃은
내, 어린 고향의 상징인지도 모른다.
그러나 그때는 몰랐다.
마당 가득 감꽃이
떨어져 내려도 아무런 관심도 흥미도 없었다.
예쁘다는 생각도
밉다는 생각도 들지 않았던 꽃.
감꽃은 엄마 같은 꽃인지도 모른다.
타향에서
지독히 홀로 되었을 때
그제야 떠오르는 얼굴과 같은 꽃.
나 언젠가 돌아가리

그곳으로.

저 산 기슭에서

꿩 울음소리 놓이고

한가로이 엄마 소 부르는 곳으로.

그곳이

고향 같기만 하여도 좋아라.

그때는 몰랐으나

두고두고 은근히 떠오르는 것이 있다.

고향의 감꽃이

그러하고 때로는 장미꽃이 그러하다.

그 강가의 억새풀이 그러할 때가 있고

내가 놀던 그 골목길이 그러할 때가 있다.

잊었다가도

어느 계절 어느 때가 되면 떠오르곤 한다.

마당 가득히 떨어져

별처럼 흩어져 있던 감꽃이

이 계절이 돌아오면 생각이 난다.

이런 때는 내가 마치 먼 여행지에 있는 것처럼 울컥 돌아가고픈 생각이 인다.

인생(人生)의 멋

노부부의 단아한 외출, 한적한 채소전의 말년, 인자하게 늙어가는 노년, 이는 청춘의 미(美)에 뒤지지 않는 멋이 있다.

이것은 인생의 멋이다. 멋은 맛의 또 다른 표현이다. 맛은 미각으로만 오는 것은 아니다. 하얀 화선지를 앞에 두고 그윽히 붓을 든 모습도 멋지다. 삶의 잔잔함이 보인다.

채소전에서 한가로이 채소를 기르며 소일하는 모습에는 인생의 맛과 멋이 들어 있다. 화선지 앞에 붓을 든 모습과 같다.

풍류는 거문고 연주에만 있는 것은 아니다. 한가로이 자연의 현을 고를 줄 아는 이는 지성을 갖춘 풍류꾼이다. 이것은 보는 이로 하여금 삶의 향기를 맡게 한다.

계절의 변화를 보며 때가 되면 갈 줄 아는 이도 멋있다. 그들은 조용히 여생을 보낼 줄 안다. 건강을 살피며 삶이란 왔다가 가는 것임을 기쁘게 받아들이기 때문이다.

수수한 아름다움이 무언지 아는 이도 멋있다. 그의 생각은 언제나 평범하다. 그는 평범하다는 무미(無味)의 지성(知性)이 있다.

미(美)는 거울에서 나오는 것은 이니다. 거울은 난지 비출 뿐이다. 어쩌면 멋을 아는 이는 거울이 없는지도 모른다. 그는 거울을 중시하지 않는다. 그는 거울 앞에서 시간을 낭비하지 않는다.

그곳에서 인생을 찾으려 하지도 않는다. 그러나 늙어서도 정갈한 젊음을 가진 이는 맛이 무엇인지 아는 이다. 그는 단맛, 쓴맛, 신맛, 매운맛, 짠맛의 조화를 안다. 이 같은 정결한 미각의 조화를 알기에 그의 젊음이 유지됐을지도 모른다. 과일, 채소, 고추 마늘 생강 따위의 푸르고 싱싱한 맛의 비결은 곧 건강과 연결되기 때문이다.

실은 인생도 오미(五味)의 강약과 조화에서 온다. 인생의 쓴맛, 인생의 단맛, 인생의 신맛, 인생의 짠맛, 인생의 매운맛이 그것이다. 이 인생의 오미(五味)의 조화 없이 인생의 맛을 기대하기 어려울 것이다.

너무 짜다든지, 맵다든지, 달다든지 한다면 맛다운 맛을 내지 못함과 같다. 지나치게 단 인생은 향락에 기울고, 너무 쓴 인생은 병들기 쉽다.

맛을 아는 이는 생강과 고추와 같은 향신료를 어찌 써야 하는지를 절제를 통하여 안다. 맛은 멋과 다르지 않다. 하나는 촉각으로 오고 하나는 시각으로 오는 것뿐이다. 지나친 맛은 입맛을 잃게 한다.

인생에 있어서도 마찬가지다. 밭길을 걷다 보면 묵은 밭을 보게 된다. 묵은 밭에는 풀이 가득하다. 이는 그의 인생과 같다. 그는 인생의 맛도 멋도 모르고 사는 이다.

저렇게 밭에 풀이 가득해서야! 곧 그 밭주인이 바뀔 것이라는 것을 예고하고 있다. 좋든 싫든 경영능력이 있는 자에게 맡겨지는 것이 자연의 질서다. 인생(人生)의 멋은 그 맛을 아는 이에게 풍미(風味)하는 것인지도 모르겠다.

겨울 냉이로 입 안 가득 향기를 느껴본다.

겨울 냉이는 엄동에도 그 생명력을 유지하고 있다.

땅에 붙어 있는 겨울 냉이는 눈에 잘 띄지 않을 정도로 자신을 낮추고 있다.

그러면서도 입 안 가득 향기를 낸다.

이것이 겨울 냉이의 멋이다.

냉이꽃 피는 언덕에서
지난날을 생각해본다.
그와 내가 만난 날들이
봄날의
아지랑이처럼 지나간다.
냉이꽃처럼 웃음이 났다.

멋도 모르고
맛도 모르면서 살았다.
이제라도
냉이꽃 같은
웃음을 지니고 살아야지.
아지랑이 나는
언덕에서
냉이꽃처럼
살며시
웃어본다.

냄새

어떤 골목을 지나다 맛난 음식 냄새가 흘러 나면 괜히 기분이 좋다. 어떤 냄새는 끓는 냄새요, 어떤 냄새는 지지고 볶는 냄새다. 그런가 하면 찌는 냄새도 있다.

끓는 냄새는 김치찌개, 된장찌개, 두부찌개가 그렇고, 돼지고기두루치기, 고등어 굽는 냄새 같은 것은 지지며 볶는 냄새라 해야 하나? 배가 고플 때는 중국집에서 새어 나오는 자장면 냄새도 좋다.

김치찌개 끓는 냄새는 참 멀리도 간다.

순댓집 골목을 지나면 어떤 냄새가 난다. 어떤 사람은 이런 냄새를 맡으면 술 생각이 나기도 할 것이다. 처음에는 한 잔만 하다가 나중에는 얼큰하게 취할 때까지 마시게 된다. 술을 좋아하는 사람은 술친구를 찾기도 한다. 오늘은 누구하고 술을 마시나, 이쯤 되면 중독이다.

냄새 얘기를 하다가 술 얘기까지 왔다. 그러나 유감스럽게도 나는 술을 모른다. 그런데 선술집에서 찌개 끓는 냄새를 맡으며 한 잔 하는 것은 멋있어 보인다. 얼큰하게 취하여 모든 걸 한 번에 잊는 선경이랄까 이런 것에 젖어 있는 모습도 좋아 보인다. 그날은 힘차게 대문을 두드리고 기세 좋게 굴어볼 수 있을 것이다.

어떤 음식과 술은 떼려야 뗄 수 없는 관계처럼 보일 때도 있다. 어찌 됐거나 맛 이전에 냄새인 것만은 틀림이 없다.

아무리 맛있는 음식이라도 맛을 보기 전에 그 냄새가 먼저 와 닿는 것이다. 꽃이 아름다워도 향기가 없으면 좀 그렇다. 음식의 냄새도 꽃의 향기에 뒤지지 않는 매력이 있다. 가령 차에 아무런 향기가 없다면 매력 없고 개성 없는 맹물과 같을지도 모른다.

차 한 잔의 코에 닿는 그 향기는 맛 이전의 매력을 지니고 있다. 그 향기만 제대로 맡아도 이미 차를 마신 것과 같다. 마셔 본 경험이 있다면 향긋한 냄새가 코에 닿을 때 그 맛이 재현되기 때문이다.

어떤 냄새는 설명할 수 없는 감성을 자극하기도 한다. 젊은 여인의 향취는 그 어떤 향기보다도 청춘을 자극한다. 청춘은 그 냄새를 아는 데서 출발하는지도 모른다.

나는 원목 냄새도 좋아한다. 짙은 원목 냄새는 그 어떤 냄새도 주지 못하는 향기를 낸다. 꽃의 향기가 가볍게 우리의 마음을 자극한다면 원목의 향기는 은은하면서도 향긋하다. 내가 편백나무 책상을 좋아하는 것도 그런 이유

때문이다. 그 나무 책상은 나를 안정시킨다.

어떤 냄새는 사람의 마음을 들뜨게 한다. 청춘은 이런 냄새를 좋아한다. 향수 냄새가 이런 냄새에 속할지도 모른다.

알맞게 풍기는 향수는 그 여인의 체취와 같다.

엄마 냄새는 땀 냄새라 하더라도 싫지가 않다. 요즘 아이들은 이 냄새를 모를지도 모른다. 요즘 엄마들이 워낙 청결하고 좋은 화장품을 쓰니 땀 냄새를 엄마 냄새로 아는 이는 어쩌면 구시대 인물인지도 모른다.

나는 봄 냄새도 좋아한다. 겨우내 얼었던 땅이 해동하면서 나는 땅 냄새는 봄바람과 함께 은은히 맡아질 때가 있다. 땅에서는 초록의 생명들이 돋아나고 나뭇가지에는 잎들이 피어나는 봄 냄새는 들려오는 새 소리마저도 기분을 돋게 한다.

그 중에도 나는 논둑 태우는 냄새가 좋다. 멀리 어딘가에서 이 냄새가 날아오면 그 어린 날의 고향 냄새 같은 향수에 젖게 된다.

그런데 지금은 그 냄새를 맡기도 어렵게 되었다. 해충을 없애려 논둑을 태우면 범법자가 될 수도 있기 때문이다. 논둑을 태우면 산불의 위험이 높을 뿐 아니라 해충보다는 이로운 곤충들이 더 많은 해를 입는다고 한다.

내가 어릴 때 봄과 곧 농사철이 시작됨을 알 수 있었던 것 중의 하나가 논둑 태우는 것이었다. 그 냄새는 자연의 냄새 그대로였다. 요즘은 냄새도 인공적이다. 낙엽 태우는 냄새나 논둑 태우는 냄새가 어디서 나면 귀를 쫑긋하듯이 그 냄새를 맡게 된다.

사람들은 봄이 되면 꽃을 보러 몰려간다. 어느 곳에 가면 꽃이 많이 피었다고 서로 말하기도 한다.

그리고 이 중에는 그 봄을 생각나게 하는 냄새도 있다.

창밖에는

해토(解土)가 되면 봄이 온 것이다. 겨우내 얼었던 땅이 녹고 얼음이 풀리더니 나뭇가지에 물이 오르기 시작한다.

지난겨울은 춥지 않게 겨울을 넘긴 셈이다. 겨울은 점점 따스해져가고 있다. 어릴 때의 겨울은 몹시도 추웠다. 아침에 세수하고 무쇠 문고리를 잡으면 손이 쩍 달라붙기도 했다.

그때에 비하면 지금의 겨울은 참 포근한 편이다. 그렇긴 하지만 겨울은 역시 춥다. 봄을 기다리는 마음은 어쩌면 추운 데서 출발하는지도 모른다. 겨울이 채 시작되지도 않았는데 봄을 기다리기도 하니 말이다.

그런 겨울이 지나고 어느덧 우리 앞에는 성큼 봄이 다가왔다. 봄비까지 밤새 내려 세상은 확연히 푸른빛을 더해 가고 있다. 개나리가 피더니 벚꽃이 피고, 버드나무 가지에는 푸른 잎들이 돋아나 푸른빛이 시원하다.

창밖을 내다보니 간밤 비로 봄풀이 파랗다. 아주 잠시지만 창밖으로 내다볼 때가 있다.

아침에 앞산에서 산비둘기 구구거리며 우는 소리를 들

었다. 봄꽃들이 피어난 곳에서, 봄비가 내리는 날에 산비둘기 구구거리며 우는 소리를 들으니 어떤 감정이 일었다.

대지의 싱그러움과 봄꽃의 아름다움에 조금은 쉽게 들리는 소리를 들으니 그런 감정이 일어난 것이다. 어떤 아름다움은 그 뒷면에 어떤 슬픔이 있는 것은 아닌가 한다. 앳된 꽃잎의 웃음 속에는 어떤 사연들이 있다.

기쁨, 아쉬움, 그리움 이런 상념들이 지나가게 할 때가 있다. 고향, 친구, 연인 이런 생각은 봄꽃뿐 아니라 봄풀, 봄비도 마찬가지다. 이러한 봄의 여린 빛깔은 우리의 감정을 자극한다.

그 빛깔들은 막연한 기다림을 가져다주기도 한다.

봄꽃이 아름다워요.
그렇지만 나는 왠지 서러운 걸요.
얼굴로는 웃음 짓고 있지만
어린 꽃잎을 보면
슬픔이 가슴 어딘가에 있어요.
봄풀이 피래요.
그 어린 풀잎을 보고 있으면
내 마음은 갈색처럼 되어요.
봄비가 그것을 자라게 하듯이

알 수 없는 마음이 있어요.
어린 꽃이 피는 날
부슬부슬 봄비가 내리던 날
산비둘기 구구거리며 울었어요.

사람은 참 이상하지요?
봄꽃처럼 아름다움을 보면 기쁨과
그 무엇이 뒤섞일 때가 있어요.
창 너머로 봄을 멀거니 보아요.

여름꽃

내가 언제부터 꽃을 보았는지에 대한 정확한 기억은 없다. 기억에 남아 있는 처음 본 꽃이 있다면 그 꽃은 진달래일 것이다.

우리 마을 이름이 꽃밭말일 정도로 뒷산에는 꽃이 많이 피었다. 그 꽃이 다름 아닌 진달래였다. 민둥산에 어찌나 꽃이 많이 피었던지 온 산이 붉었다. 진달래는 북향의 산에 피었다.

진달래는 그늘지고 추운 곳에서 핀다. 아름다움은 신비감을 넘어 어떤 전율감을 주기도 한다. 고요하게 신비한 아름다움 속에 있으면 어떤 두려운 마음마저 든다.

고요한 산중의 붉게 핀 진달래 꽃 산에서 어린 경험이다. 이런 두려움 속의 아름다운 경험의 덕인지는 몰라도 내가 처음 본 꽃이 진달래라는 생각이 든다.

동네 할미니의 신당(神堂)에도 꽃이 있었다. 황금빛 부처님이 모셔진 곳에 장식되어 있는 꽃이 아름다움을 넘어 두렵게 느껴졌다. 이 꽃은 조화였다. 종이에 물감을 들여 오리고 접어 만든 붉은색의 꽃이 진짜 꽃처럼 정교하고 신비롭게 느껴졌다. 그 신비가 어떤 두려움을 유발케 했는지도 모른다.

보리가 누렇게 익은 밭길 저편으로 상여가 나가는 것을 보았다. 상여도 어떤 꽃으로 장식되어 있었는데 그 아름다움은 두려움이었다. 이것 역시 조화였다.

가시는 걸음에 꽃을 더한 것이다. 김소월의 시(詩)에서 가시는 걸음걸음 놓인 꽃을 사뿐히 밟고 가시라 한 것도 이런 토속적 뉘앙스가 아닌가 싶다.

단청의 아름다움도 어떤 꽃을 연상케 한다. 어릴 때는 그 무늬가 얼마나 무서웠는지 모른다. 이것은 고요한 산중의 꽃밭에서 느낀 어떤 신비한 두려움인지도 모른다.

나에게 처음 꽃은 아름다움과 신비함 사이의 두려움을 느끼게 했는지도 모른다. 그럼에도 불구하고 그 꽃을 사랑하게 되었다. 나만 그런 것은 아닐 것이다. 인간은 왜 꽃을 사랑하는가?

할머니의 신당, 절이나 궁궐의 단청, 마지막 가시는 길의 상여 등에 있는 것은 분명 꽃이다. 의외로 이것들은 인간의 고통과 관계가 있을지도 모른다.

꽃길은 인간의 고통에서 벗어난 길인지도 모른다. 김소월의 시(詩)에 등장하는 그 꽃도 사랑의 고통에서 벗어나는 꽃길이고 상여나 할머니의 신당(神堂)의 그 꽃도 어쩌면 고통에서 벗어나려 한 꽃일지도 모른다. 절이나 궁궐의 단청 또한 인간의 행복을 염원한 꽃무늬인 것이다.

화려히 봄날은 지났다. 봄꽃은 대체로 붉다. 봄꽃에는 나무 꽃이 많아 더 크고 화려하게 보인다.

봄꽃이 진달래와 같이 나무 꽃의 화려함이라면 여름꽃은 대체로 풀꽃이 많다. 나리꽃, 원추리꽃, 나팔꽃, 이런 꽃들이다.

장미도 봄에 피어 여름까지 이어지기는 하나 어디까지나 봄꽃이다. 여름꽃은 봄꽃과 달리 파란 수풀 속에서 더 빨갛고 선명히 보인다.

장마가 진, 아직은 나뭇잎의 물기가 마르기 전 수풀 속의 꽃은 더 붉게 보인다.

여름꽃은 봄꽃에 비하여 눈에 잘 뜨이지는 않는다. 어쩌면 이것이 여름꽃의 매력인지도 모른다.

숨어 있는 꽃,

이것이 여름꽃이다.

여름꽃은 멀리서 보아 보이지 않는 꽃일지도 모른다. 숲속에 고요히 피어 누구를 기다리듯 피는 꽃이 여름꽃이다.

나팔꽃이 그러하고, 나리꽃이 그러하며, 봉선화가 그러하다.

오늘 여름꽃 한 분(盆)을 샀다.

주머니를 뒤져 보니 몇 푼이 남아 있어 기어이 사고 말았다.

아!

그 꽃.

호미

조그만 농사를 지으려 해도 있어야 될 농기구는 다 있어야 한다. 그때 그때 필요하여 사들인 것만 해도 처음에는 삽, 낫, 호미 괭이였지만 나중엔 톱도 필요하고 갈퀴도 필요했다.

이런 농기구에 손때가 묻고 오래 써서 닳으면 무슨 예술품처럼 멋스러워지기도 한다.

이런 농기구를 가지런히 진열하면 무슨 농기구 박물관 같은 냄새를 풍기기도 하며 닳은 삽이며 낫, 호미에서 희로애락을 다 겪은 한 인생을 보기도 한다.

이런 모습이 좋아, 닳아 이제는 농구로서의 수명을 다한 것도 무슨 예술품처럼 가지고 진열하여 둔다. 가끔 그들을 들여다보면 마음이 그렇게 순화될 수가 없다. 마치 오래된 골동품의 예술적 순화를 받는 것과 같은 기분이다. 연륜이 쌓여 닳아 가면 삽은 삽대로 낫은 낫대로 그 무엇인가 알 수 없는 것을 던진다.

밭농사의 대표적 농구로 호미와 낫을 빼놓고 이야기하기 힘들 것이다. 낫은 주로 남자가 쓴다면 호미는 여자의 농구(農具)라고 말할 수 있다.

남자에게는 낫 말고 삽도 있다. 삽은 물꼬를 본다든지 할 때 남자들의 농구다. 밀짚모자를 쓰고 삽 한 자루를 어깨에 둘러메고 논둑길에 나서면 그 넉넉한 모습이 멋스럽게 보이기도 했다. 삽이나 괭이, 낫이 남성의 농구라면 호미는 단연 여성의 농구다. 그러나 나는 낫보다도 삽보다도 호미에 매력을 느끼고 있다.

호미는 우선 그 몸매가 가냘프다. 또 호미의 곡선은 어느 예술품에 뒤지지 않는다. 약간 비틀어져 돌아가는 가녀리고 유려한 곡선(曲線) 때문에 호미자루를 잡으면 내 손에 안기는 듯한 부드러움이 느껴진다.

호미로 땅을 일구면 그 흙의 부드러운 감촉이 그대로 손에 느껴지며 마음이 안온해진다. 호미는 삽과 괭이와 같이 무겁지 않아서 가볍게 들고 일어나 내 손에 넣고 있어도 아무런 부담이 없다.

호미의 뾰족한 주둥이는 마치 새의 부리 같아 뿌리에 접근하여 잡초를 뽑을 때에도 섬세하게 일을 볼 수 있다. 아무리 보아도 이것은 여성의 어디를 닮은 듯하다.

호미의 목은 여성의 가냘픈 목을 닮았다. 약간 비틀어진 곡선이 여성의 목선만큼이나 부드럽다. 호미의 날이 잎사귀처럼 넓게 펼쳐진 풍만함은 한껏 차려입고 허리에 치마를 동여 맨 듯한 맵시를 보인다.

호미의 끝은 버선 끝처럼 날렵함도 있거니와 호미 어깨에서 호미 끝으로 이어지는 선(線)은 아무리 보아도 한국의 선(線)이다. 고려청자나 조선백자의 선(線)에 결코 뒤지지 않는다. 어찌 보잘것없는 농구에 이런 곡선을 가미할 수 있는가?

호미의 역사로 보건대 고려가요에 등장할 만큼 오랜 역사를 가지고 있다. 호미의 날을 어머니의 사랑에 빗댄 시심(詩心)은 혹, 호미의 그 수려한 선(線) 때문이 아닌가 생각된다. 호미의 선(線)은 시심(詩心)을 일으키기에 충분한 잠재력을 가지고 있다.

호미가 여성의 농구이기는 하나 밭을 맬 때는 남성들의 손에도 들리기 마련이니 그 호미의 수려한 선이 다른 예술 작품에 영향을 미치지 않았겠는가 싶다.

예컨대 고려청자나 조선백자의 유려한 선도 호미의 선에서 이어지는 선(線)인지도 모른다. 호미의 어깨선과 청자나 백자의 어깨선이 너무나 흡사하다. 무릇 한 예술의 창의는 반드시 어떤 배경을 가진다. 대부분의 사람들이 고려청자나 조선백자의 선(線)을 여성의 몸에 비유하기도 하고 여체의 아름다움에서 유래를 찾고 있거니와 나는 감히 이 선(線)의 원류가 호미의 곡선이라 주장하고 싶다.

왜냐하면 호미는 흙과 함께 했으며 청자나 백자 역시 흙을 그 재료로 할 뿐만 아니라 백성들 손에는 언제나 호미가 들려 있었으니 도공 역시 그 호미로 흙을 파고 흙을 고르고 하였을 것이다. 밭을 일구고 살았던 우리 민족은 언제나 늘 흙과 함께 살았다. 좀 억지주장처럼 들릴지 모르나 그럴 개연성은 얼마든지 있을 수 있다.

너무 호미에 대하여 예찬했는지도 모르겠지만 우리 조상치고 호미를 모르는 이가 있을까?

나는 농부의 아들이라 그런지는 몰라도 흙 만지기를 좋아한다. 그래서 호미의 선(線)과 흙을 더 사랑할 수 있다.

호미의 수려한 선(線)은 어떤 시심(詩心)과 예술적 감각을 자극한다.

낙엽

가을 나무에 달린 단풍잎이 지면 이제 더 이상 단풍이 아니고 낙엽이다. 단풍은 그래도 생명이 남아 있고 낙엽은 그마저 없다고 볼 수 있다.

그리 보면 단풍과 낙엽의 차이는 큰 것처럼 보인다. 그러나 이것이 보기에 따라 달라질 수도 있다. 단풍의 채색이 끊어져가는 노안으로 보인다면 남아 있는 생명이 안타깝게 보일 수도 있다.

그러나 누구나 늙어가는 것. 단풍의 아름다움에 절로 외치는 탄성 뒤 가을의 허전함과 쓸쓸함이 밀려오는 것도 이 때문인지도 모른다. 어느 결엔가 가을 단풍이 들어 있다.

생각해보면 살다 보니 어느새 가을을 맞이하게 되었다. 보다 겸손하게 살아야 했는데 더 깊게 보았어야 했는데, 그런 아쉬운 생각이 든다.

푸른 잎일 때는 가을의 지는 잎을 생각하기 어렵다. 마찬가지로 잎이 푸르고 번성할 때는 삶이 오만하고 방만하기 쉽다. 진 낙엽을 바라볼 때면 젊은 날의 생기와 활력을 생각게 하기도 하지만 생이 그렇게 끝없이 가는 것이 아니구나 하는 생각도 든다.

그 잎 중에는 온갖 풍우를 견디며 생의 풍요를 가꾸며 가을의 결실을 맺은 잎도 있겠으나 삶이 뭔지도 모르면서 허둥대며 가을 낙엽이 되고 만 잎도 있다.

아침에 일어나 길을 나서며 낙엽을 밟고 걸으면 늘 다니는 길이지만 낙엽의 색다른 감정을 느낀다. 다시는 이곳을 떠나지 않으리라 다짐하며 왔지만 다시 어디론가 가게 될지도 모른다.

단풍잎은 영원히 낙엽이 되어 대지 위에 내려와 있다. 그 낙엽은 어느 바람결에 안식처를 찾을 것이다.

인생은 낙엽 같다는 생각이 들었다. 어디가 될지도 모르는 곳에 몸을 의탁한 낙엽일지도 모른다는 생각이 들었다.

가을 나무 위에서 나뭇잎 하나가 떨어져 내렸다. 하나하나 떨어져 내린 낙엽이 밤새 저리도 많이 쌓였다. 낙엽이 그대로 있었으면 싶다. 떨어졌어도 이곳에 그냥 머물기를 바라는 마음이다.

바람이 불어 어느 구석으로 몰릴지 모를 낙엽이다. 그러나 정작 그들은 아무것도 개의치 않는 모습이다. 내 마음의 쓸쓸함과 다르게 그들의 모든 얼굴은 분홍빛으로 붉은 빛으로 모두 웃음 짓고 있는 게 아닌가! 웃음이 없는 낙엽이 없는 듯이 보인다.

떠날 때 짓는 웃음과 미소가 어쩌면 그의 생을 말하는지도 모른다. 모든 잎마다 미소다. 분홍 아니면 붉은색, 그것도 아니면 갈색으로. 그의 얼굴에는 조금의 불그스레함과 조금의 미소는 있지 않는가!

그의 미소는 갈색이기에 오히려 미련도 두려움도 없는지도 모른다. 고통 속에서 삶의 깨침을 얻어 짓는 초연한 미소인지도 모른다. 갈색 낙엽의, 웃음이 있는 듯 없는 듯한 모습에서 그의 고달프고도 성실했던 생을 볼 수 있다.

아직도 어느 나무에는 푸르둥둥한 잎들이 남아 있다.

곧 서리가 내려 그들도 지리라.

단풍잎

헌책방에서 수필집을 하나 사서 둔 걸 어젯밤에야 펼쳐 보게 되었다. 책갈피 속에서 붉은 단풍 한 잎이 떨어졌다.

책을 읽는다고 펴 들었으나 내려놓고 그 단풍을 보았다. 이렇게 헌책방에서 구한 책에는 단풍이 끼어 있기도 하고, 어떤 메모가 나오는가 하면 책의 뒷 여백이나 앞부분의 공간에 어떤 사연이 적혀있기도 하다.

이런 것을 만나면 책을 읽는 것에 앞서 그것을 먼저 보게 된다. 이번에도 붉게 물든 단풍이 오랫동안 책갈피에 눌리어 오래 잠든 유물처럼 편백나무 책상 위에 떨어졌다.

"음……."

"단풍잎이."

이런 일이 처음 있었던 것은 아니나 마치 나의 옛 기억이 되살아나 아련히 떠오르는 그런 기분이었다.

나는 그 단풍을 주워들고 마치 나의 추억인 양 더듬기 시작했다. 그리고 그 단풍을 세세히 보기 시작했다. 무슨 귀중한 사연이 있는 것처럼 아주 조심스럽게, 어떤 글을 읽어 내려가는 것처럼 살펴보기 시작했다. 사연이 있는 글을 마음을 담아내며 작은 토씨 하나에도 세심한 감정이 일어나는 것과 같이 그 단풍을 그렇게 읽어나갔다.

얼핏 보아 그냥 곱게 물든 단풍처럼 보였으나 자세히 들여다보니 그 붉은 단풍잎에는 갈색 점이 있었고 어느 부분에는 약간의 검은 흠결도 있었다.

잎의 끝부분에는 벌레가 먹은 자국도 있었고 전부 붉은 색처럼 보였으나 누렇고 황갈색인 부분도 있었다.

마치 수채화로 보조 물감이 덧칠해져 있는 것처럼 한 가지 색은 아니었다. 그냥 보기에 붉게만 보였던 한 잎의 단풍에 이렇게 여러 색이 섞여있었다. 이것은 단풍을 책갈피에 끼워 넣었던 그 사람의 사연만큼이나 어떤 아픔같이, 그 색깔만큼이나 간절한 어떤 마음같이 전해졌다.

덧칠해져 있는 갈색, 검정색 등은 그의 고통이 얼룩진 자국일지도 모른다. 어떤 색깔은 그리움으로 어떤 색깔은 실연의 아픔으로 벌레가 먹은 자국은 앓아누울 만큼 큰 시련이었을지도 모른다.

사람들은 이런 색깔을 간직한 채 산다. 어떤 마음의 색은 이렇게 붉은 단풍으로, 어떤 색은 갈색 단풍으로 때로는 채 색깔도 들이지 아니한 푸르둥둥한 채 저버린 나뭇잎처럼 익지 아니하여 몸부림치며 존재하고 있는 것은 아닐까?

책을 덮고 이 낙엽의 단풍의 글을 읽었다. 이 붉은 단풍이 그의 간절한 사랑의 마음이었다는 확신까지 들었다. 무엇에든 아픔이 스며있다.

청춘도 이런 것이지만 그때는 괴롭기만 한 것이다. 나는 나의 젊은 날을 회상하고 있는지도 모른다. 나는 단풍이라는 젊은 날의 글을 오늘 읽은 셈이다. 어느 누구의 곱게 끼워둔 한 잎의 단풍이 오랜 편지가 되어 내게 배달되었다.

이 밤에 그가 보낸 단풍의 글을 읽어 내려간다.

그리고 밤 깊도록 그의 글을 읽는다.

모닥불

새벽녘에 소죽솥에 불을 지피는 냄새가 올라왔다. 구들에서 샌 연기가 매캐하게 퍼진다. 소변이 마려워 새벽에 깬 잠이 어느새 다시 들었다. 방이 다시 뜨듯해졌기 때문이다. 동이 트지 않아 밖은 아직 어둡다.

소죽이 다 끓어갈 때쯤에 비로소 동이 튼다. 이 평화로운 전경 속에도 삶이란 도전이 숨어 있다. 새벽에 이불을 박차고 일어난다는 건 도전이다.

시장 상인들이 모닥불에 둘러서 불을 쬐고 있다. 아직은 이른 새벽이다. 불을 쬐는데 등을 돌린 채다. 이들의 옷에서는 불 냄새가 났다.

나는 그 냄새를 좋아한다.

새벽에 아버지가 가마솥에 소죽을 끓일 때 매캐하게 방에 퍼진 그 냄새는 굴뚝 냄새다.

모닥불에 둘러선 상인들은 삶의 도전을 느낀다. 그 모닥불은 그들을 격려하며 타오른다. 모두들 언 몸을 돌려대며 그들의 등을 덥히고 있다.

가마솥 아궁이의 활활 타오르는 불을 맞고 있으면 어느

새 얼굴이 뜨겁게 달아오른다. 가마솥에서 김이 오르고 따스해진 방에서 우리는 곤히 새벽잠에 들었다. 어머니도 그 새벽에 아침 물을 데우신다.

상인들 모닥불에는 인간의 정이 있다. 지나가던 사람도, 불을 피우지 않는 사람도 한 모퉁이 차지하고 등을 돌려대면 슬며시 자리를 내어준다. 그러면 그에게서도 불 쪼인 냄새가 난다.

고단한 삶은 때로 정겨운 풍경을 만들어낸다. 모닥불에 헌 나무 각목의 장작을 집어넣으면 찌지직 타는 소리와 함께 불꽃이 일어난다. 이때 모두들 한 발씩 물러난다.

가마솥에 불을 지피다 아궁이의 불이 너무 붙어 불길이 밖으로 퍼지면 달아오른 얼굴을 뒤로 젖혀 피한다.

가마솥에 불을 지피러 처음 잠자리에서 일어나는 일, 새벽시장을 열려고 리어카를 끌고 새벽에 일어나 나오는 일, 이것은 매일 하는 일이지만 언제나 삶의 도전이다.

굴뚝에서 연기가 피어오르고, 아궁이 불은 전에 없이 활활 타고, 데워진 가마솥에 김이 오르고. 그리고 동이 트면 어디선가 새소리가 들린다.

새벽 상인들이 모닥불에 등을 쪼이면 생선장수도 도마 위 큰 칼로 동태를 내리친다. 만두집 솥에서도 어묵장사도 김을 올린다.

시골 가마솥을 생각해본다. 떨리는 겨울 삶의 도전이 있었기에 김 오르는 소죽솥의 정감이 가슴속에 그 무언가와 같이 온다. 그 무엇이란 삶의 고단한 전경이 아닐까? 상인들의 모닥불에서 그들의 애환을 생각한다.

얼은 몸을 녹여가며,

모닥불에 둘러선 채,

언 등을 돌려대는 그 뒷모습의 전경에서 포근한 연민의 정을 느낀다.

노상 생선장수의 동태 치는 소리가 어설프다. 언, 동태가 자꾸 어그러진다. 도마가 작아서가 아니고 손이 얼어서 그렇다.

아무리 작은 삶이라 하더라도 도전이 아닌 삶은 없다. 인생 자체가 도전인지 모른다. 가마솥에 불을 지피면 허술한 굴뚝에서 그 연기가 천연하게 새벽 하늘로 오른다.

나리꽃

나리꽃을 보고 있으면 웃음이 난다. 웃음을 주지 않는 꽃은 없지만 나리꽃은 특별한 웃음을 선사한다. 주근깨가 다닥다닥하니 얼굴에 가득한 이웃집 아주머니처럼, 나리꽃에는 웃음이 언제나 가득하기 때문이다.

마치 볶은 머리를 뒤로 묶어 어울리지도 않게 잡아매고 세상에서 제일 잘난 것처럼 주근깨 가득한 얼굴로 웃는 양 웃음을 준다. 그러나 그의 얼굴에는 아줌마답지 않은 천진함이 있다.

그의 얼굴은 활력이 넘친다. 화장을 서툴게 했으나 밉지가 않다. 그의 생활은 꾸밈과 숨김이 없다. 그러면서도 원만하고 사람을 불러들이고 동네 수다쟁이 같지만 남을 질투하지는 않는다.

그녀의 활력 있는 얼굴에 검은 주근깨는 오히려 그녀를 돋보이게 하는 포인트다. 그녀는 언뜻 보면 푼수쟁이 아줌마 같으나 그렇지는 않다. 그와 같이 있으면 수다 속에 웃음과 화합이 있다.

주근깨는 그의 개성이다.

얼마 전부터 나리꽃이 훌쩍 큰 키로 주근깨 가득 웃음 머금고 피었다. 나는 마치 오랫동안 보지 못한 동네 아줌마를 만난 것 같은 반가움이 일었다. 주근깨 가득히 웃음을 머금은 얼굴에 나도 웃음이 났다.

나리꽃이 필 때면 원추리꽃도 같이 핀다. 나리꽃과 원추리꽃의 차이는 주근깨의 유무다. 원추리에는 나리와 같은 주근깨가 없다.

꽃의 모양은 거의 같다. 잎 모양도 원추리와 나리는 거의 같아 보인다. 나리의 주근깨 같은 점만 제거하면 원추리꽃과 나리꽃은 같은 꽃처럼 보일지도 모른다. 나리꽃이 나리꽃다운 이유는 그 주근깨 때문이다. 이것은 나리만의 색깔이고 개성이다.

어느 날 나리가 그 주근깨를 제거하고 원추리가 되어서 나타난다면 나는 실망할 것이다. 그가 그 같다면 그 얼굴이 그 얼굴 같다면 그에게서만 느끼는 특이한 맛은 사라질 것이다. 이는 마치 소금물도 맹물도 아닌 밍밍함일 것이다.

어떤 땐 아름다움이 오히려 미움으로 작용할 때가 있다. 그것은 그에게서 나오는 마음이 작용하기 때문이다.

거만함, 차별의식, 교만함, 이기심, 이런 것들은 어떤 아름다움을 미움으로 변질시킨다. 나리꽃의 얼굴에는 이런 것들이 없다. 조금 푼수 같지만 있는 그대로의 편안함이다.

그의 웃음에는 거만함, 교만함, 차별의식, 이기심 이런 것이 없어 그 웃음이 돋보인다. 이것은 그대로 그의 개성이 돼 모든 사람이 좋아한다.

나리꽃은 나리꽃답고, 원추리 꽃은 원추리꽃다운 게 개성이다. 그러니 자기만의 색깔로 옷을 입자. 아는 게 깊고 사고가 다양해지면 저절로 개성이 된다.

나는 지금도 나리꽃을 보면 웃음이 난다.

유품(遺品)

뒷방에는 낡은 고리짝 하나가 있었다. 그 방에는 어머니가 시집오실 때 가지고 온 문 두 개짜리 베니어판 장롱도 있었다. 조부님의 유품 하나도 그곳에 있었는데 큰 고모가 가지고 가셨다. 그곳에서는 어머니의 장롱처럼 오래된 가구에서 나는 괴이한 냄새와 좀약 같은 냄새가 언제나 났다. 그 방은 기거하지는 않고 이런저런 곡식 같은 것을 보관했다. 그 방에서는 이런 곡식 냄새와 가구 냄새가 뒤섞여 괴이한 냄새가 났다.

그 방의 낡은 고리짝에는 조부님의 유품이 들어 있는 것으로 알고 있었다. 아버지께서 14살 때 할아버지가 돌아가셨다고 하셨다.

방학이 되어 시골집에 내려와서 무료한 시간을 보내고 있었다. 그런데 그날은 그 방에서 나는 특이한 냄새와 늘 그 자리에 있던 그 고리짝에 호기심이 생겼다. 퀴퀴한 방문을 열고 오늘은 저 고리짝을 한번 열어보리라. 도대체 무엇이 들어 있는지 확인해보고 싶어 그 낡고 허름한 고리짝 문을 열기로 작정했다.

아버지께서 그것을 아주 소중히 여기시는 듯했기에 감히 열어보는 사람은 아무도 없었다. 한번은 내가 그것에 대하여 궁금한 것을 질문 드린 적이 있었으나, 아버지께서는 그냥 할아버지 쓰시던 것이라고만 말씀하실 뿐 그것이 소중하다느니 잘 보관해야 된다든지 그런 말씀은 없으셨다. 그러나 짧은 대답에서도 무거운 뉘앙스를 느꼈는데 함부로 만지면 안 된다 하는 경고 같았다. 아버지는 할아버지가 너무 일찍 돌아가신 것에 대하여 아쉬워하시면서 할아버지는 돈을 바라고 한약방을 한 것은 아니라고 조용한 어조로 말씀하시곤 하셨다.

그러면서 꼭 할아버지가 아버지께서 14살 때 돌아가신 점과 할아버지는 가난한 사람은 무료로 치료해 주셨다는 말씀을 덧붙이셨다. 아버지는 14살 때 가난한 집의 가장이 된 것이다. 말하자면 힘겨웠던 젊은 날을 그 14살이라는 나이로 함축해서 말씀하시는 듯했다. 그리고 가난에 대해서도 말씀하시곤 했다.

나는 그 고리짝을 꺼내어 혹시 잘못 다루면 상할지도 모른다는 생각에 조심스럽게 열고 그 안의 물건을 밖으로 끄집어내려 했다. 그때의 기분은 무어라고 해야 할까? 나는 마치 아직 세상에 공개되지 않는 어떤 귀한 고분을 발굴하고 있는 것 같았다. 그러나 그 함의 문을 열었을 때 내가 상상하지도 않은 것들이 나왔다.

그곳에는 마른 탱자 한 개와 행인(杏仁), 감초 몇 조각이 들어 있었다. 그리고 수백 수천 번을 읽었을 손때 묻은 탕약서(湯藥書) 한 권이 있었다. 말라버린 그 탱자와 몇 조각의 감초는 가난했던 시골 의원을 떠올리게 했다. 낡은 한약서와 값싸게 구할 수 있는 탱자와 행인 같은 약재로 가난한 이들을 진료하셨을 조부님의 모습이 떠올랐다.

우리 집에는 유물다운 유물이 하나도 없다. 있다면 기껏해야 놋대접 몇 개와 숟가락 서너 개뿐이다. 그리고 손때 묻은 낡은 고리짝 한 개가 전부다. 내놓고 자랑할 만한 유물은 눈을 씻고 찾아보아도 그 어디에도 없었다. 그러나 나는 이것이 나의 무지임을 알았다.

남들은 말라빠진 그 탱자 하나가 무슨 유물이냐 할지 모르나 아버지께는 그것이 큰 유물로 알고 계신 듯했다. 수천 번이나 넘겼을 법한 그 탕약서(湯藥書)는 조부님의 깊은 마음을 대신했다. 녹용, 웅담과 같이 값나가는 약제만이 약이 아니다. 가난한 이들에게는 초근목피가 더 소중할 수도 있는 것이다. 그 손때 묻은 탕약서(湯藥書)에 조부님의 환자에 대한 고심의 흔적이 묻어 있다.

비록 값나가고 유서 깊은 문갑 하나 없을지라도 가난한

환자들을 위하여 수 천 번 들여다보았을 그 한약서 한 권이 내 가슴에 다가왔다.

반딧불이

소년이 사는 동네에는 석탄을 캐는 광산이 있었다. 언제부터인가 동네 광산이 생기고부터 아이들이 전학 오기 시작했다. 광산의 골짜기에는 언제나 큰 공사장같이 기계 돌아가는 소리가 들렸고 검은 석탄이 산처럼 쌓여있었다. 그리고 높고 검은 트럭들이 어디론지 오가며 그것을 실어갔다. 광산 오른쪽의 산언덕에는 그곳에서 일하는 사람들의 집들이 일렬로 길게 늘어서 있었고 회색 빨래가 언제나 길게 늘어서 그 집들 따라 빨랫줄에 널려 있었다. 그 곳에서 살며 광산 일을 다니는 사람도 있었고 동네에 세를 들어 일을 다니는 아저씨들도 있었다. 광산 입구에는 작은 가게가 생겨났고 그 가게는 그곳에서 일하는 회색 옷차림의 사람들로 언제나 시끌벅적하였다.

소년의 동네는 광산이 생기기 전에는 그냥 시골이었고, 전학 오는 아이도 전학을 가는 아이도 없었다. 처음 아이들이 전학 올 때는 너무나도 생소하여 신기하기도 했고 갑자기 도시아이들이 몰려온 것 같아 좋기도 하였다. 그러나 그 중에는 전학 온 지 얼마 되지 않아서 다시 전학

가는 아이들도 있었는데 그럴 때마다 소년은 알지 못할 울적한 기분이 들었다.

전학 오는 아이들은 도시아이들처럼 얼굴이 희고 옷과 신발이 모두 깨끗했다. 아마도 도시에 살다가 광산 일을 하러 온 것 같았다. 이렇게 도시아이들이 전학을 오고 가는 것이 시골의 소년에게는 생소하였고, 전학 온 아이도 서먹하여 한동안은 자리에만 앉아 있었다.

정희도 그런 아이였다. 많은 아이들이 전학을 오고 가기도 했지만 짝이 된 것은 정희가 처음이었다. 전부터 소년은 전학 온 여자 아이와 은근히 짝이 되고 싶었다. 정희의 아버지도 그곳 광산에 다니려고 도시에서 이사 오셨다. 처음 학교 온 날 정희는 치마를 입고 발에는 길고 흰 양말을 신고 있었다. 정희는 몸은 약해 보였지만 정말 예쁜 아이였다.

다른 아이들은 얼마 되지 않아 운동장에서 뛰어놀며 장난을 치기도 하고 고무줄놀이도 했다. 공기놀이를 할 때에도 정희는 옆에 앉아 구경만 할 뿐 같이 놀지는 않았다. 시골에 대해서도 조금도 모르는 것 같았다. 작은 벌레만 보아도 무서워하며 놀랐다.

언제나 늘 혼자였던 정희는 짝이 된 소년을 무척이나 따랐다. 언제부터인가 학교를 갈 때도 올 때도 같이 오며 놀았다. 공일이면 소년도 정희와 놀고 싶어 정희를 불러내곤 하였다. 시골에 대하여 잘 모르던 정희는 소녀과 어울리면서 차츰 많은 걸 알게 되었다.

소년과 정희는 이제 장난을 치기도 했다. 저 숲속에 여우가 산다고 무섭게 놀리기도 했다. 그러면 정희는 무서워하며 정말 소년의 말을 믿었다. 등하굣길에 코스모스 핀 길을 걷다가 메뚜기를 잡기도 하고 방아깨비를 잡아 두 다리를 잡고 방아 찧는 모습을 보고 서로 웃으며 신기해 하기도 했다. 처음에 정희는 그런 벌레를 몹시도 무서워하고 징그러운 듯 만지지도 못하였다. 그러나 소년과 놀기 시작하면서 정희는 많이도 달라졌다. 밤에는 반딧불이를 잡으며 놀기도 했다.

처음에 정희는 반딧불이가 무엇인지도 몰랐다. 소년은 반딧불이는 별처럼 반짝인다고 말해 주었다. 그러면 정희가 신기한 듯,

"별처럼 빛나?"

하고 물었다.

소년은 반딧불이를 노란 호박꽃에 넣으면 등불처럼 빛난다고 말히여 주었다. 그날 저녁도 반딧불이 잡기 놀이를 하기로 했다.

소년은 정희와 반딧불이 잡을 생각에 어서 해가 지기

를 바라며 아래 개울가로 달려갔다. 시냇가에는 검은 잠자리들이 많았기 때문이다. 잠자리도 잡고 올뱅이도 주우려 하였다. 반딧불이는 그런 대로 설명을 했는데 올뱅이는 어떻게 설명하기 어려워 개울에 사는 조개라고 하였다. 정희는 아는지 모르는지 고개를 아래위로 저었다. 소년은 운 좋게 돌을 들추어 올뱅이 한 마리를 잡아 올렸다. 그리고 그것을 정희에게 주었다. 정희는 몹시 좋아라 했다. 물에서 놀며 돌다리도 건너보았다. 돌다리 사이로 물이 지나갔다. 정희도 돌다리를 건너다가 미끄러져 그만 물에 빠지고 말았다.

그날 밤 정희는 몹시 앓았다. 반딧불이 잡으러 가기로 약속했으나 정희가 병이 나서 소년은 정희의 집 앞에서 서성이다 돌아왔다. 며칠이 지나도록 정희와 놀 수 없었다. 소년은 혼자 반딧불이를 잡아 노랗게 핀 호박꽃에 넣어 별을 보면서 정희를 생각했다. 그리고 정희가 어서 나았으면 하고 바랐다. 정희가 아픈 게 다 소년 자신의 탓인 것 같았다.

소년은 노랗게 물든 호박꽃에 반딧불이를 잡아 등불을 만들고 그날 약속한 반딧불이 잡기 놀이를 한 것처럼 반딧불이가 든 노란 꽃등을 만들어 정희에게 주고 싶었다. 그날 밤도 하늘에는 반딧불이처럼 별들이 빛났다. 전학 올 때부터 정희는 무슨 약인가 먹고 있었다. 정희 엄마가 정희더러 약 먹으라고 하는 소리를 몇 번인가 들은 적이 있다. 소년은 정희가 몸이 조금 아픈 거라고 생각하였다.

정희 아버지는 카바이트등불을 가지고 광산 일을 다녔다. 소년은 그 불이 몹시 신기했다. 그 불은 어두운 광산굴에 들어갈 때 사용되는 카바이트등(燈)임을 알았다. 그 등에는 기름 대신 회색 돌멩이와 물을 넣었다. 카바이트는 물에 닿으면 부글부글 끓었다.

소년과 정희는 개울가에서 카바이트를 가지고 놀기도 했다. 개울물에 적시면 카바이트 냄새와 함께 부글부글 끓고 회색 방울이 생겼다. 소년은 정희 아버지처럼 불을 켜보리라 호기심이 생겼다. 한번은 정희 아버지가 쓰고 남은 카바이트를 정희와 함께 주워다 깡통에 구멍을 내고 개울가에서 불을 붙여 놀다가 폭발하고 말았다. 그 바람에 소년은 튀어 오른 깡통에 맞아 코에 큰 상처를 입고 기절했다. 지금도 그 상처가 소년의 코에 남아 있다.

정희와 소년은 별별 장난을 다 치며 놀았다. 처음에 징그럽게 생각했던 게미잡기, 짐자리 잡기 같은 놀이도 이제는 재미있게 할 수 있게 되었다. 정희는 특히 매미를 좋아하였다. 정희의 인형은 긴 치마의 예쁜 여자 인형이었다. 매미의 여리고 긴 날개가 공주의 치마처럼 보였는지도 모른다.

이처럼 정희와 놀던 소년은 정희를 며칠동안 못 보게 되자 갑자기 심심해졌다.

그리고 정희를 보지 못한 며칠 뒤 정희 엄마가 소리 내어 우는 소리가 밤에 들렸다. 그 다음날 아침 일찍 정희 아버지와 검은 가방을 든 어떤 사람과 급히 정희네 집으로 들어가는 것을 보았다. 무엇인가 급한 일이 있는 것처럼 보였다. 정희 아버지의 표정은 굳어 있었고 뒤따르던 검은 가방의 아저씨도 심각한 얼굴로 따라 들어갔다.

하루 종일 정희네 집은 조용하였다. 그날 밤 정희 어머니의 흐느껴 우는 소리가 담 너머로 끊어졌다 이어졌다 들려왔다. 그리고 얼마쯤 됐을까 큰소리로 정희 엄마는 정희를 불렀다.

정희야!

정희야!

정희야…….

다음날 이른 아침에 낯선 사람들 몇 명이 정희네 집을 어두운 표정으로 들어가는 것을 보았다. 아마도 정희네 친척인 듯이 보였다. 그리고 그 중 누군가가 어린 것이 안됐다고 말하는 소리를 들었다.

그 후 소년은 밤이 무서워 밖으로 나오지 못했다. 며칠 뒤 소년은 방문을 열고 간신히 밖을 보았다. 반딧불이처럼 빛나는 별들이 하늘에 무수했다.

별

밤이면 소년은 하늘을 올려다보았다. 캄캄한 밤하늘은 산골 소년에게는 신비롭기까지 했다. 어느 날 떨어져 수 없이 마당 위로 흩어진 감꽃을 보고 소년은 하늘의 별 같다고 생각했다. 하늘의 무수한 별들 은하수가 은빛으로 펼쳐진 높은 밤하늘은 소년에게는 꿈을 이야기하는 곳이다. 감나무에서 감꽃이 마당 가득히 져 있다는 사실을 소년이 안 것은 그런 생각이 있은 후이다. 소년은 지상의 일에는 관심이 없는 듯했다.

그러나 감꽃이 별일지도 모른다고 생각하면서 소년의 마음이 많이 변했다. 밤하늘을 볼 때는 그냥 알지 못하는 신비감이 일었고 그의 꿈을 말할 때도 외롭다든지 울적하다든지 이런 것은 없었다. 그런데 감꽃이 마당 가득히 흩어진 것을 보고는 왠지 저것이 밤하늘의 별과 같지만 쓸쓸하다는 느낌을 받았다. 마치 어젯밤에 하늘의 별들이 지상에 떨어진 것 같은 그런 마음도 들었다. 저것은 '내가 어젯밤에 본 별이잖아? 어째서 저 별들이 마당 가득 있지?' 이렇게 생각하는 듯하였다. 그는 밤이면 습관처럼 하늘을 보았다.

소년이 그 별을 보지 못하게 된 것은 도회지로 나온 이후다. 그후 다시는 그가 보던 별을 보지 못했다. 어떤 일인지 도시의 하늘에는 별이 없었다. 소년이 별을 보려고 창을 열었으나 어디에도 별은 없었다. 그래도 그는 혹시나 하는 마음에 밤마다 창을 열고 밤하늘을 보았으나 별을 찾지는 못하였다.

그날 밤 소년은 꿈에서 별을 보았다. 하늘에 반짝이는 별 하나가 은하수를 외롭게 걷는 꿈이었다. 지금쯤이면 하늘의 별처럼 감꽃이 지는 때라며 소년은 고향 하늘을 생각하였다. 그는 고향을 떠나오면서 그의 친구를 잃은 듯한 외로움에 빠졌다. 별이 없는 밤하늘은 소년에게는 무의미하였다. 이제는 아무도 그의 말을 들어줄 친구가 없는 듯하였다. 그는 다시는 창을 열지 않았다.

그날 밤도 별을 보려고 창을 연 것은 아니다. 그러나 창을 여는 순간 그는 놀랐다. 달동네에서 내려다본 지상에는 무수한 별들이 반짝이고 있었기 때문이다.

“아! 별이잖아…….”

소년은 작은 탄성을 질렀다. 반짝이는 불빛이 하늘에서 온 별들의 빛이 지상에 저리도 많이 내리고 있다는 사실을 소년은 처음 알게 되었다. 그리고 소년이 밤하늘을 보는 것처럼 매일 밤이면 창을 열어 지상에 내린 별들을 보았다. 소년이 감꽃을 별이라 여겼던 것처럼 도시의 불빛이 별이라는 생각을 하였다.

그 후 소년은 스무 살 성년이 되면서 별을 찾지는 않았다. 별은 이제 그의 관심에서 사라진 것처럼 보였다. 그 대신 그는 나무를 보고 꽃을 보았다. 그러면서도 항상 마음속 어딘가에는 별이 있었다. 그의 방황이 시작됐다. 방황은 별을 잃고부터다. 방황은 별을 찾아야겠다는 그런 생각까지 쓸고 간 듯이 보였다. 이제 그의 마음속에는 별이 없다.

그는 방황할 때면 언제나 길을 걸었다. 그리고 하늘의 별만큼이나 많은 생각을 하였다. 그의 방황은 마치 생각의 봇물이 터져 나와 주체할 수 없는 것처럼 보였다. 그는 그 홍수에 쓸려 비틀거렸다. 그 물이 길을 따라 세상 끝까지 흘렀다. 그는 걸으며 별과의 대화처럼 수풀과 이야기를 나누기 시작했다. 나무와 꽃과 그리고 계절과 이야기를 했다. 그런 이야기들은 그의 방황을 멈추게 하였다.

그는 일상으로 돌아와 삶을 시작했다. 시내도 가고 여행도 가고 그의 친구들과도 만났다. 어느 날 붐비는 시장에서 그가 잊었다고 생각했던 별들이 갑자기 그의 가슴속에 요동치기 시작했다.

그래 내가 찾던 별들이 저기 있어. 저 많은 사람들을 보란 말이다. 서로 각자가 반짝이는 별이잖아. 분주히 걸어가는 움직임들, 저기서 일하는 생선가게 아줌마, 깎아 달라고 떼쓰는 사람, 노점 할머니, 중얼거리며 고무줄 파는 아저씨, 떨이라며 소리치는 아줌마, 모두 별이다.

빛나는 별이다.

황맥(黃麥)의 냄새

보리가 익어갈 때면 익은 보리 향기가 났다. 나는 이 냄새를 향수처럼 좋아한다. 보리를 베어낸 자리에는 모내기를 했다. 보리를 베어낼 때의 그 향기는 고향의 추억 중 하나이다. 황맥(黃麥)이 부서지는 향기를 생각만 해도 금방 향수에 젖곤 한다.

어릴 때는 어찌나 보리를 많이 심었는지 온통 문전의 옥답은 물론이고 산비탈의 밭까지도 밀밭이며 보리밭이었다. 푸른 보리가 바람에 파도를 타며 허연 배를 드러내고 밀려오고 밀려가는 것도 좋았지만 무엇보다도 누렇게 익은 황맥(黃麥)의 성숙함과 그 깊고도 깊은 내음을 잊을 수가 없다.

청맥(靑麥)의 향기는 청춘의 그리움과 사랑 그리고 젊음의 희망이 어떤 그리움처럼 밀려온다면 누렇게 익은 황맥(黃麥)의 원숙함은 어떤 회고적 그리움을 주는지도 모른다. 보리가 이렇게 익어 고개 숙인 황맥이 바람을 타고 이리저리 흔들릴 때 부서지는 소리가 마치 무슨 언어처럼 시적(詩的) 정감을 주기도 했다.

익은 보리밭을 지날 때면 왠지 외롭고 쓸쓸했던 기억이 난다. 그땐 여지없이 뻐꾸기가 울곤 했다. 뻐꾸기 울음은 누구를 부르는 소리처럼 들리기도 한다. 누런 보리밭 사이를 걷다 보면 어떤 알지 못할 그리움과 외로움에 빠지곤 하였다. 그때 우는 뻐꾸기는 내 마음을 대변하고 있었는지도 모른다.

어쩌면 인간은 늘 무엇을 그리며 찾고 있는지도 모른다. 뻐꾸기는 엄마를 잃은 슬픔을 저렇게 달래고 있는지도 모른다. 아니 어머니를 찾는 울음이다. 어머니는 사랑의 원천이다. 누렇게 익은 성긴 보리 향기는 청맥(靑麥)의 그리움과는 다르다. 이것은 생(生)과 사(死)의 원초적 그리움이다. 엄마를 찾아 이 산 저 산을 떠돌며 우는 뻐꾸기는 인생의 그 무엇을 담고 있다.

보리를 베서 단으로 묶어 집으로 들이고 보리타작을 하고 이삭줍기를 하고 어쩌면 보리가 익어 추수를 한다는 것은 한여름에 가을을 맛보는 것과 같다. 잠시 봄의 들뜸에서 벗어나 향기를 주는 계절의 인생의 간이역 같은 사색을 던저주던 것은 아닐까? 지난 사랑이 그리움으로 다가올 때가 있다.

보리가 익을 때쯤 떠난 이든 아니든 황맥의 향기 속에는 어떤 그리움이 들어 있었다. 사별(死別)의 아픔도 그리움도 그때는 더했으리라. 이렇게 보리가 누렇게 익고 뻐꾸기 소리 드문드문 들리는데 어찌 그리움이 없겠는가?

보리를 베어내고 논에 물을 가두고 쓰레질을 할 때면 개구리들이 왜 그리도 많이 울던지. 수천수만의 울음은 어찌 표현해야 될지 모르겠다. 깊어가는 초여름 밤에 울어대는 그들의 소리도 황맥의 계절과 같이 했다.

개구리의 울음은 어쩌면 무념(無念), 무상(無相)의 기도인지도 모른다.

바람 타고 뭉클뭉클 날리는 밤꽃의 향기 또한 고향의 냄새로 그리움과 향수를 자아내게 한다. 보리가 익을 때면 어김없이 보고 싶은 얼굴의 그리움이다. 어떤 그리움은 인내를 요구하기도 한다. 지극한 고독은 말로 표현할 수 없는 외로움이 있다. 가난의 아픔, 혼자인 외로움, 그리움 이런 것들의 냄새가 어쩌면 황맥(黃麥)의 익은 보리 내음인지도 모른다.

익은 보리를 거두어 보리타작을 할 때면 날은 왜 그리 더운지 몰랐다. 도리깨질을 하고 깔끄러운 보리터럭을 골라내고 이런 일련의 과정들은 현실의 아픔을 잊게 했는지도 모른다. 현실의 고통이 어떤 아픔을 잊게 하는 경우도 있다.

고통 속에서 인생은 그렇게 익어가는 것이다.

보리가 누렇게 익었다는 것은 보리가 늙었다는 뜻이다.

그 늙음 속에 인생이 있다.

보리의 늙음은 곧 낟알이 익었다는 뜻이다. 보리가 긴 긴 혹독한 한파를 견디어내고 온갖 풍상을 겪어내고 저렇게 누렇게 늙었기에 그 향기와 열매가 있는 것이다. 누렇게 익은 고향의 보리밭이 향수처럼 그리워질 때가 있다.

그때의 개구리 울음도, 뻐꾸기 소리도, 익어가는 황맥(黃麥)도 어떤 인생의 과정인지도 모른다. 우리는 때로 그 향기를 맡는다.

여름날의 고독

고추잠자리가 공중을 날고 있다. 고요한 한여름의 마당은 정적에 가깝다. 매미 소리가 높지만 오히려 그 소리뿐인 것이 공간의 공허감을 더하는지도 모른다. 고요하다는 것과 공허하다는 것은 어떤 면에서는 비슷해 보이나 다른 것이다.

어떤 소음이 들려도 공허할 수 있다. 공허는 마음이 비어 있는 상태와 관련된다. 그러므로 소음이 있어도 공허할 수는 있다. 여름 한낮의 마당은 한적하다 못해 공허감마저 든다.

잠자리는 빈 마당을 빙빙 돌고 있다. 비가 오려나 싶지만 아직은 비 올 기미는 보이지 않는다. 잠자리가 저렇게 허공을 날면 비가 올 징조이다. 그것도 한 마리가 아닌 수 마리가 빈 마당을 선회하고 있다.

내리쬐는 햇볕의 빈 마당은 마치 인적이 끊어진 것처럼 고요하다. 감나무에서 매미만 울어 젖히고 공허감을 더하기라도 하듯 고추잠자리만 마당을 돌고 있다.

너무 심심해서 죽을 지경이다.

고독이라는 말의 뜻을 이해하는가? 고독이 뭔지 아는가?

고독은 고요나 공허하고는 차원이 다른 것이다. 인간은 누구나 고독하다고 한다. 나는 공허를 넘어서는 고독을 무척이나 싫어한다. 그러면서도 마약 같은 고독을 어떤 때는 스스로 찾아 즐긴다.

고독을 즐기는 데도 분위기 조성이 필요하다.

우선 고요하고 한적한 마음을 가지는 것이다. 고독한 마음이 들기 시작하면 심한 외로움에 빠져든다. 그리되면 인간은 그 외로움에서 빠져나오려고 안간힘을 쓰게 되는데 보통은 사람을 찾아 나선다.

친구를 찾아간다거나 불러낸다거나 한다. 어떤 이는 그림을 그린다든지 악기를 연주한다든지 무엇을 만드는데 골몰한다.

나 같은 경우에는 주로 공상에 빠진다. 마음으로 먼 데 여행을 떠나본다든지 어떤 명상에 들기도 한다. 이도 저도 안 되면 글 아닌 글을 쓰게 되는데 글을 쓰다 보면 공허가 물러나고 외로움이 걷힌다.

내가 생각하기에 외로움이니 고독이니 하는 것이 꼭 나쁜 것은 아니다. 어쩌면 모든 예술행위의 발단은 고독인지도 모른다. 원시인들이 남긴 고대 벽화 따위도 처음에는 낙서에서 시작되었을 것이다. 고독으로 시작된 맨땅 위의 막대기 낙서가 새도 한번 그려보고 매일 보는 짐승을 한번 그려보던 것이 벽화가 되고 그림 글자가 되는 등 발전하여 오늘날의 문자에 이른 것이 아닌가 하는 생각이 든다.

잠자리가 빈 마당을 저리 빙글빙글 돌고 있는 것도 짝을 찾지 못하는 외로움에 빠져서 그러는 것인지도 모른다. 물론 매미가 저리도 울고 있는 것도 마찬가지가 아닌가 한다. 그렇다면 인간의 외로움도 마찬가지일까?

문학의 기원도 인간의 고독에서 시작된 것이리라. 심심하니까 마음을 적은 것이 시(詩)도 되고 이야기를 적다 보니까 소설도 되고 한 것이 아닐까?

내가 지금 이렇게 하는 얘기가 말이 되는 소린지 아닌 소린지는 몰라도 지금 나도 무료하고 심심해서 이러고 있는 것이다.

잠자리가 빈 마당을 저리도 돌더니 비가 오긴 오려나 보다. 서녘에서부터 구름이 몰려오더니 점점 컴컴해지고 있다. 비가 내리면 비 구경이나 해야겠다.

비 오는 날 비 구경한다고 고독감이 쉽게 물러나는 것은 아니다. 오히려 비 내리는 밖을 내다보고 있다 더욱 고독감에 사로잡힐 때가 있다.

극락전(極樂殿)

나는 어느 절의 극락전에 이르렀다.

극락전의 문이 활짝 열려 있고 햇살이 쏟아질 듯 비치는 여름이다. 잎들은 여름이 한창이고 오가는 이 없는 절 마당은 인적 없이 고요하다. 바람이 잎들 사이를 스치며 지나간다. 절 마당을 서성이며 고요한 절 뜰을 걷고 있다. 열려진 문으로 미소 짓는 불상을 바라보았다. 그리고 절 마당에 놓여있는 탑 앞을 천천히 걸었다.

천 년이 넘는 세월에도 극락전 앞의 탑은 예나 지금이나 그대로다. 얼마나 많은 이들이 소원을 빌었던가! 슬픔, 고통, 이별 그리고 안락…….

인간(人間)이 찾는 극락이 어디란 말인가? 나는 절 마당을 걷다가 절을 바라보는 쪽에 놓여 있는 의자에 오래도록 앉아 있었다. 이제 서녘 하늘로 점점 해를 넘기고 있다.

차라리 무념(無念)의 세계가 극락인가? 사람이 나서 죽는 것이 자연의 이치라 하여도 영원을 갈구하는 것이 사람이다. 그건 그러하다 하더라도 아프지만 않아도, 병만 없어도, 그렇게 허망한 이별만 없어도…….

언제 누구에 의하여 심어졌는지 알 길 없는 오래 묵은 산목련 한 그루가 극락전 앞에 늙은 노승(老僧)의 성성함처럼 의연히 서 있다. 저 나무는 몇 번이나 피고 지었던가? 때가 되면 꽃을 피우고 향기를 냄이 몇 번이었던가? 온갖 소원과 아픔을 안고 이곳에 왔을 그들을 얼마나 보아왔던가?

명부전(冥府展)에 이름을 올리고 가는 이도 있었을 터이고 외딴 삼성각(三聖閣)에 홀로 앉아 소원을 비는 이도 보았을 것이다. 그리고 불전(佛前)에 하염없이 절을 올리던 여인도 보았을 것이다. 선연히 그들의 모습이 떠올랐다.

아무 생각 없는 무념(無念), 무상(無相)이 극락이지 하다가도 현실의 힘든 삶이 이어지면 다시 온갖 상념에 휩싸인다. 그리고 현실은 보이는 것이 참이라 믿으며 그리로 그리로 향하지만 안락(安樂)은 항상 조금만 조금만 더이다.

스님의 거처에는 흰 고무신이 침묵처럼 놓여있다.

모든 것이 고요다.

인적이 없는 듯이 보인다.

須菩提於意云何可以身相見如來不不也世尊不可以身相得見如來何以故如來所說身相卽非身相佛告須菩提凡所有相皆是虛妄若見諸相非相則見如來

(수보리어의운하가이신상견여래부불야세존불가이신상득견여래하이고여래소설신상즉비신상불고수보리범소유상개시허망약견제상비상즉견여래)

나는 절 마당을 천천히 걸으며 짙은 여름 속의 극락전을 보고 있다. 지는 여름 햇살이 극락전 안으로 빨려들듯이 스며들었다. 모든 상(相)이 허망(虛妄)함을 본다면 眞理(여래)를 본다 하였다.

모두는 무엇이 되어 어디로 가는가? 해는 점점 서산으로 기울어 가고 있다. 옷깃으로 저녁바람이 스며든다.

나는 절문을 나섰다.

수백 년은 넘을 듯한 아름드리 느티나무 사이로 저녁바람이 스산히 지나간다. 여기는 일주문(一柱門)도 없고 불이문(不二門)도 없는 절이다. 아름드리 늙은 느티나무만이 세월의 무상함(無常)을 느끼게 한다. 나는 절문을 나서며 그 느티나무 아래로 일주문(一柱門)을 뒤로하고 나왔다.

이제 집으로 가야 한다.

여름 논에는 버들이 빼곡히 햇살을 받고 있다. 민가의 감나무 잎도 더욱 푸르게 보인다.

사람이 사는 동네 가까이 지나니 개짖는 소리가 들린다.

나락 잎이 바람에 스삭이며 소리를 낸다. 곧 추수 때

가 되면 저 논도 다시 텅 비어가리라. 이 생각 저 생각을 하며 길을 따라 내려오고 있다. 해는 서녘하늘에 점점 더 가까이 다가서고 있다. 저녁노을이 멀리 하늘 사이로 조금씩 붉어오기 시작했다.

산들도 여름 바람에 허연 잎들이 밀려가고 있다. 모든 나무는 하늘로 향하여 있다. 숲의 나무들을 보면서 집으로 가는 갈림길에 들어섰다.

그곳의 길가 어느 나무 밑에서 죽은 매미를 보았다. 가던 길을 멈추고 그 죽은 매미 앞에 서고 말았다. 아직은 날개도 살아 있는 것처럼 그대로다. 지금이라도 금방 날 것처럼 반짝인다. 몸은 생전(生前)의 모습 그대로 몸은 갑옷을 입은 양 매끄러운 차림으로 비스듬하게 고요히 누워 있다.

죽은 사체에 개미 한 마리가 그의 촉각으로 이리저리 살피며 다가가고 있다.

미동도 않는 매미, 그는 이제 적멸(寂滅)의 세계에 들었다.

나는 한동안 서서 보았다.

어찌 홀로 여기 누워있는가?

어디가 아팠더냐?

벌써 기한이 찼느냐?

왜 혼자 있느냐?

평안히 잠들라.

이제 생(生)과 사(死)의 고통이 없는 세상으로 가라. 얼마 전만 해도 그렇게 울지 않았는가?

가을 병(病)

잠두봉(蠶頭峰)에 하얗게 내려 있던 백로가 어디론가 떠나고 빈자리가 되었다.

백로가 떠난 것을 보니 가을인가?

여름 내내 둥지를 틀던 백로가 가을바람에 어디론가 날아가 버렸다. 남녘 그들의 고향으로 돌아간 것인가?

떠난다는 말만 들어도 가슴속의 외로움이 몰려오는 듯하다. 아니, 어디 단지 외로움뿐이겠는가?

백로가 살던 자리엔 이제 아무도 없다. 그 수풀도 마치 주인을 잃은 것처럼 허전하다.

가을은 허전한 계절인지도 모른다.

나뭇가지에는 성급한 낙엽이 지기도 한다.

가을날 어느 기찻길의 외로운 코스모스, 모든 이들이 어디론가 떠나는 것처럼 외롭고 쓸쓸하다.

어느 포도밭의 향기도 노랗게 익어가는 감도 마치 떠날 준비를 하고 있는지도 모른다.

밤이며 빨갛게 익어가는 대추도 아주 멀리 떠날 준비를 하고 있는 것처럼 보인다.

나무는
물들어
바람을 타고
떠나고
들에 핀 풀씨까지도
바람과 그들만의 수레에 의지하여
떠나고 있다.
가을은
떠나는 계절인지도 모른다.
멀리.
먼 먼 어디론가
먼!

어느 가을 가로수 낙엽이 바람에 쓸려 아스팔트 위를 밀려갈 때 왠지 알 수 없던 그 쓸쓸함, 외로움 이런 것들이 어떤 그리움은 아닐까?

아직도 그대는 찾고 있는지도 모른다.
먼 그대를 말이다.
잊었다가 다시 생각나곤 하는 것처럼.
이 가을은 멀리 떠나는 계절이다.

낙엽까지도 떠나니 말이다.

어딘가로 떠나야 하는데 가야 할 곳을 모르는 때도 있다. 오늘 아침 잠두봉에 하얗게 앉아 있던 백로도 떠났다.

그 중에 한 마리는 아직도 떠나지 못하고 있었다.

어쩌면 인간도 가야 할 곳을 모르고 있는지도 모른다.

그 한 마리 백로처럼.

낙엽도 바람 따라 가지를 떠나고 벌어진 밤송이로 보랏빛 밤도 떨어져 나무를 떠난다. 가을은 그들이 떠나는 모습을 보는 계절이라는 생각이 든다.

잊었던 우리들의 외로움도 쓸쓸한 허전함도 그들의 떠난 빈자리를 보며 느끼게 되는 것이 아닌가?

아니면 우리도 그들처럼 떠나야 하는데 가야 할 곳을 몰라 서성이고 있는 것은 아닌가?

나는 가을만 되면 이런 가을 병이 온다.

외로움, 쓸쓸함, 공허함, 울적함.

갈 곳을 몰라 울고 있는 어린애같이 말이다.

나의 집은 어딘가?

누가 나를 기다리고 있나? 어디선가 나를 기다리고 있는 것처럼 멀리 떠나야 한다는 생각, 이것이 가을 병이다.

이 가슴앓이가 시(詩)가 되고 깊은 생각이 되는지도 모른다.

떠난다는 것은 일을 다 보았다는 뜻일 수도 있다. 나뭇잎은 나뭇잎으로서의 임무를, 익어 송이가 벌어지는 밤은 밤으로서의 일이 끝난 것이다.

이제 그들은 그들의 고향으로 떠날 준비를 하고 있다.

이 가을의 병(病)도 그런 것인지도 모른다. 더 익어가기 위한 아픔 같은 것!

언젠가는 우리도 떠날 것이다.

가을의 낙엽처럼.

2부 - 명자꽃

명자꽃

작년 봄인가 청사 뒤뜰 울타리에 무슨 꽃인가 피었다. 연지처럼 빨간 봉오리를 하고 있는 꽃이 있어 붉게 물든 얼굴을 본 적이 있다. 팻말에 적혀 있는 꽃 이름을 보니 명자꽃이었다. 꽃말은 겸손이었다.

올해도 그 꽃이 피었다.

우리 동네에는 명자라고 있었다. 그녀의 얼굴이 스쳐 지나갔다. 명자가 웃을 때는 그녀의 얼굴도 저렇게 붉어졌다. 꽃보다도 더 붉던 명자, 명자가 가장 예쁠 때도 부끄러움에 얼굴이 물들 때였다. 명자의 아름다움은 수줍게 웃는 모습 때문이 아닌가 싶었다.

붉은 봉오리의 명자꽃은 흔한 시골 아이의 이름처럼 소박한 순수함이 있다. 다소 천해 보이는 붉은 색깔이 시골스러워 더욱 정감 있게 느껴졌다. 지나치게 세련된 아름다움에는 거부감이 들 때도 있다. 명자꽃에는 그런 게 없다.

명자꽃은 넉넉하고 푯푯한 아름다움이 있어 좋다. 약간은 기댈 수 있는 넉넉한 아름다움이다. 수줍음이란 알 듯 모를 듯 부드럽게 드러나는 것이 아닌가 한다. 모르는 늣 부드러운 모습의 꽃이 명자꽃이다. 명자꽃에는 흔히 아름다운 꽃에서 느껴지는 우월감 같은 것은 없다. 명자꽃은 화려하지만 수더분하고 붉지만 지나치지 않는 열정이 있는 꽃이라는 생각이 든다.

우리 동네 명자는 나물을 씻고 빨래만 하다 시집을 갔다. 그는 많이 배운 것도 없고 특별히 아는 것은 없었지만, 그렇다고 어떤 열등감 같은 것도 없었다. 봄이면 그녀의 뒤뜰 우물에서 봄나물을 씻던 명자, 장독대도 윤이 나게 닦던 명자, 언제나 빨래는 명자가 다 했다. 높다란 빨랫줄에 젖은 손을 올려 빨래를 널곤 했다.

그 우물에서 명자는 맑은 샘물을 길어 나물을 씻었다. 명자의 바구니에 담긴 냉이, 미나리, 달래 등.

명자는 봄나물도 캐러 다녔다. 양지쪽 밭두렁 밑에 바구니를 옆에 끼고 봄나물을 캐던 명자는 멀리서 보아도 표시가 났다.

명자네 집은 작은 초가집이었다가 나중에 슬레이트 지붕으로 바뀌었으나 벽이며 담이며 여전히 초가집의 냄새를 풍겼다. 그 집은 명자를 닮았다. 명자네 집은 작은 우물이 하나 있었고, 아주 오래된 돌담이 둘러 있었다. 돌담은 할머니의 손등같이 오랜 세월의 흔적을 간직하고 있었다.

그 돌담 안쪽에는 작은 텃밭도 있었다. 말하자면 명자네 집에는 우물이 있었고 울안에 텃밭이 있고 무더기로 쌓인 돌담이 있는 아주 오래된 옛날 집이다. 텃밭에 감나무도 몇 그루 있어서 오래된 집과 돌담과 우물과 할머니집 같은 평화로움이 느껴졌다.

명자가 우물물을 퍼서 나물을 씻을 땐 두 팔을 걷고 희고 고운 손으로 나물을 씻었다. 봄나물이 맑은 샘물에 파랗게 씻겨질 때면 명자의 손이 더욱 희고 고와졌다. 눈이 시리도록 맑은 샘물이 명자의 손을 그리 희고 맑게 했는지도 모른다. 명자의 고운 손은 더욱 파랗게 봄나물을 씻어냈다. 그때 명자의 얼굴은 약간은 상기된 듯하였다.

봄나물 바구니에 진달래꽃도 꺾어 담아오던 그런 명자가 친구 따라 서울로 간 것은 그해 봄이다. 명자가 다시 돌아온 것도 어느 봄이었다. 명자는 다시 빨래를 널고, 그 우물에서 나물을 씻었다.

명자가 시집을 간 것도 진달래가 붉게 피던 봄이었다. 명자는 넉넉하고 부드러운 엄마가 됐다. 아이들과 같이 술래잡기를 하고 넓은 마당에서 좋아라 고무줄놀이를 할 때면 그녀는 엄마이면서 아이들의 친구가 되었다. 명자는 엄마라고 해서 아이들에게 가르치려 들지는 않았다. 오히려 아이들의 친구가 되었다.

명자는 보기 드문 훌륭한 스승이기도 했다.

명자야말로 진정한 엄마이고 아름다운 꽃이다.

작년에 핀 꽃의 봉오리가 울타리에 다시 맺혔다. 올해도 봄은 이렇게 오고 있다. 시집간 명자가 친정에 온 듯 정겹게 느껴졌다.

사랑 중에는 희미한 사랑도 있다. 세월이 흐른 후에야 그것이 사랑이었구나 하는 회상에 젖을 때가 있다. 그런 사랑은 먼 시간이 흐른 후에야 아련히 보고 싶어진다. 뒤뜰의 명자꽃이 그런 꽃이 아닌가 한다.

그 어린이의 얼굴

어떤 것은 꼭 사진처럼 찍혀서 지워지지 않는 것이 있다. 그 계절이 돌아오면 스러졌던 그 사진들이 문득 지나갈 때가 있다. 그러한 사진이 찍힐 때는 지나고 보면 몹시도 힘들고 지쳐있던 시기가 많다.

방황하고, 절망하고, 외롭고,

이렇게 신록이 피어나는 계절이면 더욱 그러한 마음의 사진들이 많다. 잊었다가도 불쑥불쑥 솟아 울라오는가 하면 아주 잔잔한 여운으로 흘러 지나가기도 한다. 그런 감정이 일어나면 참으로 마음은 어떤 쓸쓸함에 사로잡힌다.

어느 한적한 산자락의 꽃을 본다든지, 늘어진 아카시아꽃을 본다든지 이런 때 그 사진들이 지나간다. 어느 고갯길에서라든지 산비둘기의 구구거리는 소리를 듣는다든지 할 때도 그렇다.

아카시아꽃이 필 때였다. 그때의 이미지만 남아 있을 뿐 세세한 기억은 없다. 벌써 몇 십 년 전의 일이라 마치 흑백사진처럼 희미하다.

알지도 못하는 어느 시골 동네에 왜 무슨 이유로 무슨 사연으로 가게 되었는지는 생각나지 않는다. 어떤 교통수단으로 거기까지 갔는지, 혼자였는지 누구와 동행했는지 또렷한 기억도 없다. 아마 버스를 타고 가다 적당한 곳에서 내렸을 가능성이 높다. 목적지도 없이 그렇게 갔을 거다.

지금은 내가 갔던 동네 이름조차 기억나지 않는다. 설령 그 동네를 지금 다시 데려다준다 해도 내가 걸었던 산천의 풍경이며 내가 걸었던 그 길을 기억해내지 못할지도 모른다.

그런데도 마음에 찍혀있는 이미지는 사진처럼 선명히 남아 이렇게 어느 계절이 돌아오면 생각난다.

나는 어느 시골에 내려 마을길을 따라 들어갔다. 물론 그곳은 생면부지이며 아는 사람도 어떤 볼일도 없이 그 시골길을 따라 마치 누구를 찾아가듯, 목적지가 그 마을인 양 향해 걸어갔다.

마을로 들어가는 길에는 무논의 어린 모들이 자라고 마을길에 들어가는 동구 밖에는 아카시아꽃이 많이도 피어 있었다. 산들은 이미 녹음에 싸여있었고 조금은 덥기도 하였다.

길옆에는 연등이 줄지어 걸려 있었는데 그 신록 속의

연등은 어떤 고요와 평안을 주면서도 인간의 아픔 같은 것이 들어 있기도 했다.

그럴 때는 보고팠던 사람이 지나가는 것처럼 마음은 어떤 외로움에 젖어들기도 한다. 마음이 힘들 때는 이런 길을 걷고 싶어진다. 나는 이런 저런 감정에 젖어 어느덧 이름 없는 나그네가 되어 걷고 있는 중이다.

시골의 산간 마을이 다 그러하듯이 어찌 보면 빈집 같기도 하고 누가 있는 것 같기도 하다.

몇 집 안 되는 집들의 지붕은 모두가 낮았으며 소 마구간은 구유가 밖으로 드러나 있었고 낡고 초라하였다.

언덕진 방문은 열려 있는 것도 있고 닫혀 있는 집도 있었다. 마당의 닭들은 여기저기 자유롭게 모이를 쪼며 밖에 돌아다니기도 하였다.

산골 아이들은 발가벗은 듯 허술한 옷차림이었고 낯선 나를 보고는 겁먹은 듯 조금은 경계하는 눈치였다.

서로 남매인 듯한 5살 6살쯤 되어 보이는 아이들은 낯선 방문객에게 호기심이 있는 것 같기도 했다. 어리숙한 눈망울, 코가 흘렀던 자국, 아무렇게나 쓸어 모아 묶은 머리, 새까맣게 그을린 피부, 허술한 옷은 배가 밖으로 드러나 보였다. 엄마는 밭으로 일하러 나간 듯 가난한 산골의 아이들은 저희들끼리 모여 있었다.

어느 계절이 돌아오면 그 마을과 그 아이들의 얼굴이 마치 흑백사진이 되어 떠오르곤 한다.

순수

흰 양털, 옥양목, 모시같이 깨끗하고 흰 색깔은 순수를 연상시킨다. 광목이라든지 삼베 같은 것은 비록 희진 않지만 옥양목과 모시와 같이 순수하다. 순수라는 말은 아무것도 섞이지 않은 것을 의미한다.

흰 양털은 보드랍고 포근하고 옥양목이나 모시는 시원한 맛을 준다. 순수에는 얼음처럼 차지 아니하고 포근하고 시원함이 있다.

순수한 아름다움에는 포근함과 시원한 정결함이 함께 있다, 흰 양털은 아기 모자나 어린이 이불을 만들 때 쓰일 것만 같다.

모시적삼은 정결하고 시원하여 돈후한 학자와 같은 미(美)가 있다. 삼베옷은 투박하고 순박한 미(美)가 있다.

상추쌈과 같은 음식은 순수하고 정결한 맛을 낸다. 모시적삼은 대청마루에 어울리고 상추쌈과 같은 음식은 서민의 마루가 어울린다. 이러한 것들은 소박과 순수를 연상시킨다.

비빔밥은 비록 여러 가지 채소가 섞여 있을지라도 순수

하다. 그 재료가 순수하기 때문이다. 고사리 산채와 같은 것, 상추, 쑥갓같이 산이나 들의 신선하고 깨끗한 재료들이 모였기 때문이다.

에어컨, 선풍기와 같이 현대의 냉방도구들이 있다 하여도 시원함을 떠올릴 때는 모시나 대청마루를 연상할 때도 있다.

흰 고무신이나 짚신 같은 것도 순수한 맛을 낸다. 댓돌 위에 가지런히 놓인 흰 고무신은 어떤 침묵 같은 고요함과 단정함을 주기도 하며 순수하다.

그러나 이러한 순수함은 시대에 뒤진다는 느낌을 줄 때도 있다. 지금은 모시 저고리를 입은 이도 드물고 삼베적삼은 더욱 그렇다. 이러한 것을 본다면 박물관의 백자를 보는 것과 같을지도 모른다. 현대는 순수를 찾기가 어려운 시대인지도 모른다.

현대의 옷들은 동물의 가죽이나 화학섬유로 만들어지며 온갖 문양이 복잡하게 들어 있다. 이 같은 현대의 고급 직물은 순수의 여지를 허락하지 않는다.

지금의 의상은 심플한 디자인에 세련미를 가지고 있으나 순수는 멀리 있다. 지금은 백자와 같은 순수를 찾기 어려운 시대다.

호화로운 장식이 달리면 달릴수록 더욱 그러할지 모른

다. 마고자에 호박 단추 하나 달아 소박한 멋을 낸 순수와는 거리가 멀다. 모시저고리에 은가락지와는 다르다.

음식은 더더욱 순수함을 잃었다. 조미료는 합성섬유와 같다. 합성조미료가 들어가지 않은 음식을 찾아내는 것은 모시치마를 입은 여인을 만나는 것만큼 어려운 일이다.

어디 조미료뿐이랴! 무슨 보존료, 무슨 향신료, 무슨 색소, 이 중 어느 것도 생소하지 않다. 그래도 사람들은 이런 것을 더 좋아한다. 벌레 먹은 순수한 채소를 좋아하는 이가 드물다.

모시적삼, 대청마루, 댓돌 위의 흰 고무신, 삼베옷의 순수는 조선의 흰 백자와 같이 박물관에서나 볼 수 있다.

서운동 종소리

사람은 집에서 나와 집으로 돌아갑니다.

집으로 가는 길에 사람들도 보고 길에 핀 꽃들도 나무들도 봅니다. 승강장에는 공원이 있어 수련의 연못도 보고 그곳에 심긴 꽃들도 봅니다. 꽃이 지고 나면 꽃씨들도 여뭅니다.

아름다운 꽃을 보면 그 꽃씨도 받아 보고 싶습니다. 아직 버스가 도착하려면 시간적 여유가 있어 이런 꽃 저런 식물을 보면서 익은 꽃씨가 있는지도 봅니다. 꽃씨를 받으려고 가방 속에는 작은 비닐 봉투들을 몇 장 가지고 다닙니다. 이 작은 꽃씨 속에는 그의 생명이 잠들어 있습니다. 어느 계절 어느 땅을 만나면 그의 생명은 다시 부활할 겁니다.

버스 승강장에는 그들이 가야 할 집으로 돌아가기 위하여 벌써 많은 이들이 버스가 오는 쪽으로 그들의 얼굴들이 향하여 있습니다. 어떤 때는 인생은 기다림의 연속이라고 생각합니다. 그 기다림을 향한 얼굴들이 낙타가 어느 지평선을 향하여 고개를 들고 망연히 서 있는 것과 같이 보일 때도 있습니다. 어디를 보고 있는 건가요?

그건 타고 갈 버스가 오는 방향입니다.

돌아갈 집이 있는 사람은 행복한 사람입니다. 어릴 때 엄마하고 나들이 하다가 얼마 안 있어 엄마 치마에 매달려 집에 가자고 보챈 적이 있습니다.

집은 이런 곳입니다.

이제 버스는 산남사거리를 지나 기적의 도서관 앞을 지나고 있습니다. 집으로 가는 동안도 여러 종류의 책들을 만납니다. 어떤 도서관보다도 많은 책들이 길에 있습니다. 그 책들은 나의 기분에 따라 그 내용이 여러 가지로 전개됩니다. 어제 본 가로수가 아무 의미 없이 스치다가도 내 마음에 따라 시(詩)가 되기도 하고 음악이 되기도 합니다.

차창 밖에는 수없는 차들이 지나갑니다. 검은 차, 흰색 차, 회색 차. 차의 종류도 다양합니다. 그들은 지금 어디로 가고 있을까요?

아마도 어느 집을 향하여 가고 있을 겁니다. 그리고 그들도 결국은 그들의 집으로 돌아갈 겁니다.

우리의 집이 어디냐는 사람에 따라 달리 볼 수 있습니다. 인간은 그 집을 지금도 찾고 있습니다.

나 혼자라고 생각한 적이 있습니다. 이것은 곧 내가 돌아살 십이 없다는 것을 의미했습니다.

사람들이 하루 일을 마치고 돌아가고 있습니다. 어떤 이는 걸어서 어떤 이는 승용차로 또는 나처럼 버스로 갑니다.

가는 동안에 나는 많은 사람들도 봅니다. 모두 다 선량한 얼굴들입니다. 어떤 때는 사람의 얼굴을 보면 불쌍하다는 생각이 들 때도 있습니다. 특히 눈의 초점을 잃고 승강장에 멍하니 앉아 있는 모습을 보면 더 그러한 생각이 듭니다.

사람의 눈에는 모든 것이 담겨 있죠. 멍하니 근심 가득한 얼굴을 보면 어떤 연민을 느낍니다.

사람은 특별한 존재가 아니죠. 그리고 누구나 저럴 수 있죠.

그런 생각을 하면 불쌍한 생각이 듭니다.

서운동 성당에서 저녁 종소리가 들립니다. 나도 듣고 사람들도 승강장에서 그 종소리를 듣습니다.

작은 목격

지금까지 내가 살아온 지난날을 생각하면 정말 보잘 것이 없다. 그간 국가적 중요한 사건들도 많이 있었지만 막상 내게 남아 있는 것은 아무것도 없다. 그때 그때 작은 혈기만 부리다 성질만 내곤 했다.

취직자리를 구하는 데 급급했고 결혼하고 가정을 꾸려 나가는 일뿐이었다. 돌이켜 보면 아무것도 이룬 게 없다. 그러면서도 나는 나보다 부족한 사람을 보면 무시하기도 했다.

이곳 시장 입구는 봄이나 여름, 가을에는 이른 새벽부터 농산물을 늘어놓고 파는 노점이 성행하다가도 추운 겨울이 돌아오면 모두들 나오질 않는다.

간혹 노점들이 길을 막거나 내가 급히 길을 가려 할 땐 거추장스럽게 하는 것이 맘에 안 들기도 했다. 살 마음이 전혀 없는데도 불구하고 사라고 하는 것도 싫게 들릴 때도 있었다. 그러면서도 나는 여러 가지 계절의 생물들이 즐비하게 나오는 노점을 즐기면서 바라보기도 했다.

노점의 대부분은 아주머니나 할머니들이다. 모두가 하

나같이 볶은 머리들이고 생활에 찌들어 얼굴에는 주름이 가득하다. 비록 작은 일상이지만 나 자신을 돌이켜 비춰 볼 만한 의미 있는 일이 있었다.

그날도 여느 날과 같이 출근길에 있었다. 그날은 몹시도 추운 아침이었다. 노점들도 그렇게 추운 날 이른 아침에는 아무도 나오지 않는다. 그런데 허리가 꼬부라진 할머니 한 분이 전전긍긍하며 자리를 살피고 있었다. 한눈에 봐도 너무나 왜소하고 초라해 보였고, 겉모습만 보아도 불쌍해 보였다. 할머니 손에는 작은 검정 비닐봉지에 무언가 담겨 있는 보따리가 들려 있었다.

할머니는 검은 봉지를 내려놓더니 주저 없이 그 검은 봉지 안에서 구겨진 작은 비닐봉지들을 토해내듯 꺼냈다. 그 중 큰 비닐봉지가 나오자 그것을 길바닥에 깔기 시작했다. 그러고는 할머니가 들고 온 비닐봉투의 보따리 속 물건을 꺼냈다. 그 초라한 물건은 다름 아닌 당근 몇 개였다. 봉지에서 굴러 나온 당근이 얼마나 못생겼는지 도무지 상품가치라고는 없어 보였다. 아마도 할머니가 농사를 직접 지은 것 같았다.

할머니는 비닐봉지의 당근을 꺼내서 세 개씩 무더기로 바닥의 비닐 위에 놓기 시작했다.

날씨가 너무도 추워 할머니의 맨손은 잘 구부러지지도

않는 것처럼 보였다. 그런데 그 순간 초라해 보이던 할머니가 내게 거대하게 보이기 시작했다. 그리고 말할 수 없을 정도로 나의 초라한 모습이 드러나기 시작했다. 그것은 나의 삶에 대한 고발이었다.

내가 그 같은 장면을 처음 본 것도 아니다. 그리고 그날 할머니는 무슨 사연이 있어 그 추운 겨울 아침에 당근 몇 개를 들고 노점을 나오게 되었는지 나는 모른다.

그런데도 불구하고 그 할머니의 모습이 내게 어지럽게 떠오를 때가 있다.

시골

앞산에서 뻐꾸기가 철에 맞추어 운다.

저 소리를 들으니 오디를 따던 생각이 났다. 이때쯤이면 모내기가 막 끝나고 시골은 어느 때보다도 한적하다.

보리를 심을 때면 보리 베랴 모 심으랴 바빴지만 이제 보리농사는 짓는 이가 드무니 모내기가 끝나면 지금의 농촌은 잠시 한적하다.

어느 농촌이나 보는 이는 한적히 보인다. 그러나 실은 농촌만큼 바쁜 곳도 없다. 쉴 새 없이 부지런히 호미를 들어야 무성히 자라 오르는 풀을 막을 수 있다.

곡식이 저렇게 풀처럼 성하면 얼마나 좋을까 부러워 한 적도 있다. 그런데도 시골은 보는 이에게는 한가롭게 보인다.

이것은 그곳의 사람과 자연 때문이 아닌가 한다.

그 한가함 속에 첩첩이 이어지는 중첩된 산, 넘어야 되는 그 고개들, 눈부시지도 않고 화려하지도 않은 밋밋한 산들, 또 그 밭과 논, 돌아서면 서리서리 서려 있는 한 많은 사연들 어느 한구석인들 그것이 빠진 곳이 있던가?

이 땅의 자연은 우리에게 정기를 주기도 하지만 그곳에 산 사람들의 삶과 혼이 배어 있기도 하다.

이런 생각을 하면, 이 땅에 살던 사람이 귀하고 이 땅이 귀하다.

풀 한 포기 나무 한 그루 어느 것 하나 애정이 가지 않는 것이 없다. 외국의 어느 풍경이 그럴듯하여 감탄사를 울리다가도 우리의 것을 생각해보면 너무도 소박하여 언뜻 초라하게 보일지 모르나 그 애정에 금방 숙연해진다.

우리의 시골은 이런 곳이다.

시골은 내 고향과 같은 뜻이다.

시골길을 걷다가 모내기가 끝난 어린 논을 들여다보기도 하고 익은 보리 내음을 맡으면서 뻐꾸기 소리를 들으며 검붉은 오디를 따기도 했다.

가끔 이런 향수가 밀려오기도 한다.

그런 생각을 하면 마치 나는 어느 타향에 와서 고향 생각을 하고 있는 듯싶다. 그곳은 마치 내가 돌아가야 할 땅처럼 언제나 마음 한 곳에 자리하고 있다. 저렇게 처연히 아침부터 울어대는 뻐꾸기 소리를 들으면 더 그렇다. 그럴 때면 내가 한평생을 뿌리 없이 이리저리 유리하며 산 사람처럼 느껴지기도 한다.

나는 시골이 좋다.

도회에 나와 있으나 언제나 생각은 시골에 가서 있다. 그러다 보니 쉬는 날이면 발길이 시골로 향하게 된다.

시골은 언제나 고향과 같이 느껴진다. 어느 시골 산간에 들러보나 언젠가 꼭 이곳에서 살았던 기억이 있는 것 같은 생각이 든다.

시골 길을 걷다보면 무념(無念)이 된다.

그것은 시골이 나를 받아주기 때문이다.

산하가, 나를 받아주기 때문이다.

그 시골이, 세월의 변화 속에 귀하게 여기는 것들이 하나둘 바뀌는 것을 보게 되면 아쉽다.

숭늉

밥을 짓고 솥바닥에 붙어 있는 누룽지에 물을 붓고 끓인 물이 숭늉이다. 숭늉이란 말이 어찌 생겼는지 알 길이 없으나 옛 기록에 숙수(熟水)라 표기하였고 익은 물이라 하였다는 기록은 있다.

그러나 숭늉의 어원이나 어찌해서 누룽지를 끓인 물이 숭늉이라는 말이 되었는지에 대한 명쾌한 기록은 없다. 생각건대 아마도 수(水)라는 말과 누룽지의 합성어가 어닌가 한다. 이 두 말을 합쳐보면 수(水) 즉 물 누룽지가 된다. 누룽지에 물을 붓고 끓였으니 "수누룽"이 되는 것이다. 이 말이 발음상의 변천을 거처 "수누룽"이 "숭늉"이 되지 않았나 싶다.

만약 그렇다면 밥을 지은 이는 여인(女人)이지만 한자어 수(水)가 들어간 것으로 미루어 이 말을 만든 사람은 한자를 아는 남자일 것으로 보인다. 숭늉을 처음 접한 이 남자는 숭늉의 맛에 큰 매력을 가졌음이 분명하다.

가마솥에 불을 때서 밥을 지었으니 솥의 온기가 쉽게 가시지 않는다. 이런 상태의 밥솥을 닦으면 그 물은 적당히 따스했을 것이다. 이 물을 그냥 버리기 아까워 마셔본 것이 숭늉이 되지 않았을까 한다. 마셔보니 이 물이 정말 구수하고 맛이 있어서 이 물을 접한 한 식자(識者)가 『수누릉』이라는 이름을 지어 부르게 된 것이 아닌가 한다.

오늘날은 숭늉 문화가 많이 퇴색되었다. 이것은 서양 문화의 유입과 부뚜막문화가 사라진 것과 맥을 같이 한다. 가마솥이 부뚜막에 붙어 있을 때는 좋아도 싫어도 솥에 물을 붓고 불려서 닦아야 한다. 그러므로 부뚜막문화는 숭늉의 발달과 밀접한 관계가 있다.

그런데 오늘날은 부뚜막문화가 아니다. 전기밥솥이 가마솥을 대신했고 그 전에는 냄비가 대신했다. 그래도 냄비로 밥을 지을 때는 숭늉이 설 자리가 조금은 있었다.

서양에서 커피가 들어오고 각종 차(茶)가 보급되면서 숭늉이 설 자리는 더욱 없게 되었다.

숭늉과 커피와 같은 차(茶)를 인성(人性)과 비교하면 숭늉은 많은 여분이 푸근함과 인간미가 넘친다. 그래서 이런 우리 고유의 차가 사라져 가는 데에 대한 아쉬운 생각이 든다. 그에 비하면 커피와 같은 서양음료는 솔깃하게 하는 맛은 있을지 모르나 어딘지 모르게 계산적이고 여분을 용납지 않을 것 같은 느낌을 준다.

숭늉은 상층민과 하층민을 차별 없이 대한 우리의 음료

이다. 양반이라고 특별한 숭늉을 별도로 만들어 먹거나 아랫사람이라고 먹을 수 없었던 음료도 아니다. 높낮이 구분 없이 누구나 같은 밥솥에서 먹을 수 있는 우리의 음료이다.

숭늉은 일등과 이등을 가리지도, 잘남과 못남을 구분하지도 않는다. 따끈한 숭늉을 한 모금 마시고 나면 가슴 속까지 따뜻해지고 온기가 돈다.

숭늉을 마시다 이런 생각을 해보았다.

숭늉과 같은 인간상(人間像)을 그려본다.

과수원 노인

이맘때면 과수원집 노인도 보이지 않는다. 계절이 겨울로 접어들었기 때문이다. 이른 봄부터 그는 가지치기며 거름주기며 언제나 그 자리에 있다. 그 넓은 농원을 혼자서 돌아보고 있다. 가지치기를 할 때면 그의 고개는 좌우를 심도 있게 살핀다. 그의 가위 지나는 소리가

"사각, 짤그닥."

긴 운을 남기며 가지치기는 이어진다. 그때 그의 모습은 마치 수도승 같은 진지함과 고요가 있다.

무엇이 저 노인이 20여 년을 저곳에 매료되게 하였을까?

그도 한때는 실한 중견기업을 이끌었다고 한다. 80세가 다 된 고령임에도 그의 꼿꼿한 작고 아담한 몸매는 얼핏 보아 아저씨처럼 보일 정도다.

그는 나이 60 되던 해 하던 기업을 다른 사람에게 넘겨주고 이곳 산골에 들어와 과수원을 시작했다고 했다. 이것은 그의 은퇴 후의 설계였다.

그를 아는 사람들은 잘나가는 기업을 두고 왜 그 고생

이냐고 했지만 그는 이곳에 와 거친 밭을 일구고 어린 묘목을 심어나가기 시작했다. 처음에는 품종의 선택을 잘못하여 몇 년에 거쳐 정성스레 가꾼 나무를 전부 베어 내야 하는 시련도 있었다고 했다.

어쩌면 그는 빛나는 삶을 버리고 빛나지 않는 삶을 택했는지도 모른다. 그러나 아침이슬 머금은 과수의 가지를 바라보며 알지 못할 신선함과 꽃눈을 바라볼 때면 온갖 시련이 희열로 변했다.

진광불휘(眞光不輝)라 했던가! 지금은 과수원집 노인도 잠시 일손을 놓고 쉬는 계절, 겨울이다.

과수원집 노인처럼 아무도 알아주는 이 없어도 삶의 만족과 고요와 평화를 누리는 이가 진실로 빛나는 인생의 주인공이라는 생각이 든다.

저기 저 산 아래의 과수 나무도 지난 삶을 되돌아보며 깊은 숙면에 들었다. 그 무성했던 가지의 잎들도 열매도 다 떨구고 깊은 휴식에 들었다. 뜨거웠던 여름날의 열매도 잎도 다 떨어뜨린 과목의 한적함은 평생의 짐을 다 벗어버린 듯 자유와 평화뿐이다. 모든 영화를 뒤로한 듯 고요한 과수나무들은 이 겨울의 한적한 휴식을 취하며 그 가지가지마다에 새봄에 살아 숨쉴 생명을 준비하고 있다. 그 봄에 다시 물이 오르고 새싹이 돋아 오르고 그 생의 꽃을 피우며 어린 열매를 다시 맺을 것이다.

이 산골의 화려하지 않는 곳에서 꽃이 피고, 빛나지 않는 곳에서 실한 열매를 맺고 있다.

나는 나의 지난 삶을 뒤돌아본다. 그리고 고요히 나의 길을 생각한다. 수수한 과수나무처럼, 그 나무와 호흡을 같이 하는 할아버지처럼 빛나되 빛나지 않는 삶을 생각하며 할아버지 과수원 앞을 지난다.

이 겨울 과수목만이 묵묵히 서 있다. 노인은 다시 내년 이른 봄이면 어김없이 그의 농장에서 분주한 하루를 시작할 것이다.

그 꽃눈 바라보며 삶의 향기와 향연에 다시 동참할 것이다.

가을색

가을색(色)을 뭐라 해야 하나? 한편으로는 충만해 있는 것 같고, 한편으로는 텅 비어가는 것 같다. 가을 햇살에 물든 단풍이 충만한 웃음을 머금고 있다. 가을 들판은 하루가 다르게 비어가고 있다.

가을색은 충만과 빔이다.

가을은 익어갈 때의 충만, 물든 잎을 바람에 다 떨궈 비워내는 빔의 쓸쓸함이 있다.

노랗게 익은 은행잎이 바람에 우수수 진다.

"내일이면 다 질 것 같아요."

은행잎을 보던 그가 말했다. 그의 얼굴에 가을의 쓸쓸함이 있다. 그러나 붉은 단풍에는 충만한 기쁨이 있다.

갈색의 단풍에는 아쉬움이 있다. 이루려 이루려 한 색깔이 갈색의 단풍 얼굴이다. 이것은 검게 주름진 인생의 고단함이 있는 빛이다. 그러나 그것에도 조금의 미소는 있다. 이것은 인고(忍苦)의 웃음이다.

이루지는 못했다 하더라도 모진 세파를 헤쳐 오며 그중에 누린 억센 웃음이다. 그 웃음은 우는 건지 웃는 건지 구분 싯기 어렵다.

붉은 색에 도달하지 못한 어쩌면 쓴 웃음이다. 그 갈색의 웃음은 나의 웃음인지도 모른다.

노란 은행의 단풍은 화사하다. 자기대로의 색이다. 어떤 붉은 점도 어떤 갈색의 점도 없는 자기세계에 젖은 색이다.

그 웃음, 철없이 얻어낸 가벼운 웃음이다. 그렇기에 기분 좋게 가벼운 마음으로 볼 수 있다.

그래도 바람에 지는 노란 단풍에 쓸쓸한 이별 감(感)이 있다. 그 바람은 가을바람이다. 가을바람은 이별을 재촉한다.

바람에 진 낙엽이 도로 위에 우수수 쓸려 간다. 낙엽이 바람에 쓸리며 가랑잎 소리를 내며 떠난다.

가을바람에는 가을의 차가움이 있다. 이 바람이 가을색을 만든다. 붉은색, 노랑, 갈색. 그리고 가을을 가져간다. 가을의 충만함이란 텅 비어가는 색깔이다.

분홍, 자주도 있으나 분홍은 붉음에 자주는 갈색에 속한다. 그들은 모두 그들 각자의 색이 있다. 가을색에는 아쉬운 충만이 조금씩은 있다. 그것이 비록 붉은색이라 하더라도 그 색에도 갈색과 검은 점이 있다.

가을은 하던 말을 멈추게 하는 계절인지도 모른다.

인간에게 가을은 그런 계절이다.

"내일이면 다 질 꺼예요."

이렇게 말하는 그에게도 가을색이 묻어 있다.

얼마 전까지만 해도,

"와!"

"은행잎!"

하며 환호하지 않았던가?

정류장에서

강아지를 안고 있는 어떤 아주머니가 시내버스 정류장에서 버스를 기다리고 있었다. 아주머니는 누군가 오면 붙들고 얘기를 하고 싶어 했다. 버스를 타려고 어떤 아저씨가 오니까 다가가 말을 붙이기 시작했다.

"글쎄 우리 아들이 하나 있는데……."

여기까지 이야기하고 아주머니의 말이 이어지려 할 때 아저씨의 탈 버스가 와서 그 아저씨는 그 버스를 타고 가 버렸다.

아저씨가 떠나고 나서 혼자 남은 아주머니는 무언가 속으로 중얼대는 듯하더니 저 편에서 또 버스를 타려고 어떤 할머니가 오니까 그 할머니를 붙들고 무슨 얘긴가 하려 하였다.

"글쎄 우리 아들이 하나 있는데 그놈이……."

여기까지 얘기하고 다음 하고 싶은 이야기를 하려고 할 때 그 할머니가

"며느리 봤어유?"

하며 그 아주머니의 하고 싶은 말이 채 나오기도 전에

이런 질문을 하였다. 그래서 그 아주머니는 자기가 하고 싶은 얘기를 못하고,

"며느리는 봤지유."

그런데

"그 아들이 글쎄……."

하며 그 아주머니가 하고 싶은 말을 이어 나가려 할 때 그 할머니의 탈 버스도 저기 오고 있었다.

그리고 이내,

"아이고. 차 왔네."

하며 가버렸다.

이번에는 어떤 아저씨가 오니까 그 아저씨를 붙들고 아주머니는 또 그 아들 얘기를 시작했다. 아주머니가 그의 아들이 망나니였는데 군대를 갔다 오더니……. 여기까지 이야기했는데 또 그 아저씨 탈 버스가 와서 그 아저씨에게도 끝까지 얘기할 수 없었다.

다시 어떤 할머니가 오니까 얘기를 또 하기 시작했다. 우리 아들이 하나 있는데 그렇게 속만 썩이더니 어느 때부터 무척 착해졌어. 여기까지 얘기를 했는데 그 할머니가 말을 가로채고는, 나두 아들이 하나 있어 오늘 며느리가 김장 담근다 하여 가는 길이여, 날씨가 좋아야 할 텐데 어찌 꼭 비가 올 것 같여.

"아이고, 저기 버스 오네……."

이번 김장 할머니에게도 그 아주머니는 할 말을 다 못하였다.

이제 승강장에는 아무도 없었다.

누구한텐가 그 아주머니는 말하고 싶은 게 있었다. 그래서 오는 사람마다 붙들고 이야기를 시작하려 하면 버스가 오고 또 버스가 오고 아무에게도 아주머니의 할 말을 하지 못하였다.

이제 승강장에 남은 사람은 아무도 없다. 아주머니와 아주머니가 끌어안고 있는 강아지뿐이다.

아주머니는 개의 머리를 쓰다듬으면서 개에게 말을 하기 시작하였다.

"그 놈이 글쎄 군대 갔다 와서 철이 난 듯하여 집을 해줬더니 저당 잡혀서 집이 날아갔어."

"하나 밖에 없는 집인데……."

"나에게 전 재산여……."

아주머니는 꼽술꼽술 헝클어진 머리에 평생 고생한 주름진 얼굴이 말이 아줌마지 할머니라고 부르는 게 맞아 보였다.

아주머니는 계속 중얼거렸다.

"나쁨 놈……."

"그럼 이혼이나 하지 말고 살든지……."

아주머니는 그가 안고 있는 개의 머리를 쓰다듬으며 그 개에게 그의 처지를 말하고 있었다.

사람은 누구나 말하고 싶어 한다.

누군가에게 하고 싶은 말을 하고 싶어 한다.

이것이 인간이다.

아무도 들어주지 않는 말을 그 늙은 아주머니는 혼자 그의 개에게 말하고 있었다.

도로 위의 차들은 어디론가 그들의 갈 길을 쉼 없이 가고 있었다.

가을 산

낙엽 진 산길에 발을 옮길 때마다 낙엽 밟는 소리의 바스락거림이 정갈하고 낙엽 진 나목이 어떤 끈적임도 없는 시원함을 준다. 잎이 진 가을 산은 어떤 가림도 없이 있는 그대로의 모습을 보여준다.

산은 가을 산이 좋다.

산자락을 훤히 개방한 가을 산은 나목이 있어 시원한 느낌을 준다.

모든 나뭇잎이 단풍의 영화를 뒤로 하고 숲에 내려앉은 양이 그지없이 평온하고 한적하기만 하다.

잎이 지고 난 가을 산은 산의 형태마저도 그대로 윤곽을 드러내어 보여준다. 가을 산은 청명한 하늘만큼이나 서늘하고 시원한 느낌을 준다. 그러면서도 낙엽으로 덮인 산은 포근함을 잃지 않아 다감하고 평온함을 지니고 있다.

천천히 발걸음을 옮길 때마다 낙엽 밟는 소리가 정갈히 들리는 것은 가을 산의 깨끗함을 말해준다. 어떤 끈적임도 어떤 허세도 없는 가을 산은 계곡의 물마저도 청명하다.

명경지수(明鏡止水)라 했던가?

가을 산의 물은 거울같이 맑고 깨끗하다. 물속에 들어 있는 단풍의 빛깔마저도 선명히 붉다.

흐르는 물에는 얼굴을 비출 수 없다. 멈춘 맑은 물만이 비출 수 있다. 고요한 자만이 고요를 바라는 사람을 고요하게 할 수 있다.

人莫鑑於流水而鑑於止水唯止能止衆止

(인막감어유수이감어지수유지능지중지)

가을 산을 걸으면 명경지수와 같이 내 마음을 비출 수 있다. 이것은 가을 산의 맑음과 정갈함 때문일 것이다.

계곡을 비켜 지나가니 어디선가 은은한 향내가 바람에 따라 났다. 그 향내는 가을 낙엽이 발효되는 냄새다. 작은 길로 들어서는 길목에서 한참이나 그 냄새를 맡았다. 가을 낙엽은 떨어져 그대로 맑은 바람에 자기 몸을 말려 낙엽의 향을 내기도 하거니와 어떤 낙엽은 수분을 머금어 부패하지 않고 발효되어서 그 은은한 향을 내기도 한다.

이는 명경지수와 같은 마음과 통하는 향이다. 낙엽은 썩어서도 냄새를 풍기지 아니하고 은은하고도 향기로운 냄새를 간직하고 있다.

한참을 맑은 물을 들여다보다 발을 옮겨 이제 계곡을 막 비켜나려 할쯤 어디선가 날아오는 그 향기에 발길을 옮길 수 없었고 그 향에 취하였다. 산은 냄새를 지니고 있다. 그렇다고 특별한 냄새도 아니다. 그냥 있는 그대로의 자기 향인 것이다.

명경지수는 맑고 투명함이 그 색깔이라면 낙엽의 산 냄새는 그 마음을 어루만져 부드럽게 대하는 부드러운 향이다.

나는 맑은 물에서 그 투명함에 어떤 이성적 차가움도 보았으나 낙엽의 향에서 그를 안아주는 포근함을 보았다.

어떤 차(茶)의 맑음보다도 그 어떤 차(茶)의 향보다도 가을 산은 맑고 향기롭다. 산을 떠나 있다가도 그 냄새가 그리워 이 가을이면 가을 산을 찾는지도 모른다.

이곳엔 아무도 없다.

오직 나만이

이 가을

산과 마주하고 있다.

가다가 멈추고

가다가 멈출 때마다 가을 산은 그 누군가 동행하는 듯하다.

입추

언제 찬바람이 부나 자꾸 달력을 보게 된다. 책력으로는 이번 주에 입추 그 다음이 말복이니 그것으로 희망을 삼는다.

여름은 좀 더워야 하지 않는가? 이렇게 말해 놓고도 또 한편으로는 이 더위가 언제 가나 가을이 기다려진다.

올여름은 유독 더운 듯하다. 적당히 흐려 구름이라도 드리웠으면 좋겠다는 희망까지 들지만 하늘은 여전히 맑고 깨끗하다. 폭염은 전쟁을 선포한 듯 맹렬하다.

휴가 안 가냐 묻지만 여기가 휴가지라고 에둘러 말한다. 청춘에는 여행소리만 나와도 가슴이 설렌 적이 있다. 머릿속에 지도를 펴고 태평양 어디를 생각해 보기도 하고 긴 머리채 찰랑이는 어느 해변도 생각해본다.

배낭 하나를 둘러메고 뙤약볕에 준령을 넘던 때를 생각해보기도 한다. 어디고 천리고 만리고 걷고 싶었던 시절도 생각해본다.

마음속 어딘가에 그 부르는 소리가 있어 물들어 잠긴다.

그대 부르면 가리.
언제나 숨어 부르는
그대
내 마음 설레게 하네.
그대
그리움에
부르네.
죽는 날까지
그대는
나
부르리.
나
그대 부르는 소리 들으리.

인간에게 존재하는 그대는 인생의 먼 여행길에 언제나 따라다니지만 곧 여행지에서는 외로움에 빠지게 한다. 인생은 고단한 여행이고, 인생 여행자 인간의 고향은 미시의 어느 곳인지도 모른다. 그리고 그곳에 그가 있다. 인간은 미지의 그를 찾다가 숨을 거두는지도 모른다.

늦여름 매미가 처연히 운다.

인간이나 매미나 그를 찾는 마음은 매한가진지도 모른

다. 가을 이슬 내리면 그 소리마저 스러져 사라질 것이다.

올여름은 무던히도 더웠다. 숲에는 가을을 부르는 소리가 들린다. 가을 풀벌레 소리가 가을의 전령사가 되어 부르고 있다.

계절이 지나는
하늘에는
불볕으로 뜨거웠던
파란 얼굴을 드러낸다.
계절이 지나는 소리
숲속의
명주실같이
투명한 소리가
영혼의
울림처럼
이 가을을 부른다.

고씨우물

대문을 나와 망설이다가 단장을 휘저으며 광덕사 쪽으로 길을 나섰다. 나뭇잎은 여름을 향하여 가고 있다. 산(山) 초입 이르니 나뭇잎이 미풍에 고요히 흔들린다. 연등은 길가에 늘어서 한적히 달려 있다.

실로 얼마 만인가!

우암산 이 길을 다시 걸으니 낯선 듯 정다운 듯 고요히 흔들리는 나뭇잎도 줄지어 늘어선 하늘가의 연등도 옛사람을 맞아 반기는 듯하다.

산에는 수많은 나무들이 그동안 많이도 장성하였구나!

너의 고향은 본래 이곳, 엄마도 아빠도 이곳에서 살았지. 많은 사람들이 각자의 소원을 안고 절에도 오고 산나물을 뜯으러 오가는 것을 보기도 했을 거야.

나도 이 길을 얼마나 왔던가!

나는 단장을 휘저어보기도 하고 휘파람을 내어보기도 하며 산길을 오르고 있다. 산에는 너나없이 푸른 잎을 내며 하늘로 자라 온 산에 각자의 꿈을 펼치는 듯하다.

휘파람도 내보고 단장도 휘저어보지만 길을 나서면 언제

나 쓸쓸한 외로움에 젖게 된다. 산 고랑에는 다랑이 논들이 옛 주인은 어디 가고 예나 지금이나 그대로인 듯하다.

예서 일했던 가난한 산촌의 농부를 생각해본다. 생이란 다 그런 거라 하지만 내일이 지나면 더 나아질 거란 희망을 가지고 지게를 지고 저 산을 올랐다.

나는 이런 생각 저런 생각을 하며 광덕사 절 앞에 이르렀다. 절은 언제나 빈집같이 조용하다. 아무 소음도 없이 고요하기만 하다.

누구의 소원이 있기에 생로병사의 아픔을 안고 빌고 빌었을 그들의 염원을 생각해본다.

이제 그 사람도 갔고 이 사람도 갔다.

하늘의 구름은 산 위로 어디론지 갔다.

이 산의 나무들이 자라고 스러지듯 그렇게

옛사람은 갔다.

나는 절 앞을 지나 작은 논둑을 건너 어느 우물에 이르렀다. 그 앞에는 작은 산골의 논들도 있고 산밭도 있다.

어느 늙은이가 흰머리 헝클어진 머리로 금방이라도 사립문을 열고 맞을 것만 같다. 낡은 초가집은 그 가난을 말하는 듯하고 구부러진 허리에 지팡이 하고 낯선 이가 나무하러 간 아들인가 하고

"뉘시오?"

하며 금방이라도 나올 것만 같았다.

이 우물이 있기에 여기에 집이 있었을 것이다. 그리고 이 산 고랑의 작은 논밭에 의지하며 살았을 것이다.

컴컴한 방에서는 아이 울음소리가 들리는 듯하다. 할머니는 우는 아이를 달래고 밭으로 일 간 며느리를 기다리고 있다.

이 우물에서 가난한 생명을 이어나갔을 그들을 생각해 본다.

작은 행복에도 감사하며 복을 빌었을 것이다. 아들이 돌아오기를 기다리는 늙은 어미의 모습은 예나 지금이나 변함이 없다. 나는 부질없는 상상을 하며 마지막 산등성이에 올랐다.

서쪽 멀리 검은 산에
태양은
붉은
노을을 일으키며
장려히
장려히 지고 있다.

인생(人生)

창공(蒼空)에 만물상(萬物像)을 그려놓은 듯 삼라만상(森羅萬象)이 술렁이는 듯 파도가 시퍼런 이를 드러내고 부서지는 듯 구름의 모양은 참으로 다양하다. 태초 이후 단 한 번도 하늘의 모습이 같지 아니했으리니 이는 구름이 있음이라.

맑고 깨끗한 날이 있는가 하면 청천벽력이 치고 뇌우가 천지를 진동하기도 한다. 그런가 하면 장려(壯麗)히 지는 노을의 붉음도 있다.

하늘에 구름이 없으면 어떨까를 상상해본 적이 있다. 푸른 하늘이 좋다 해도 늘 그렇다면 얼마나 삭막하고 지겨우랴!

구름이 있기에 하늘은 맥파만경(麥波萬頃)같이 푸르게 빛나기도 하며 비 내리고 뇌우(雷雨) 치기에 맑은 날을 좋아하게 되는 것이다.

하늘에 구름 한 점 없이 계속된다면 지상의 사막과 무엇이 다르랴! 성냄도 화냄도 기쁨도 설움도 이것이 높고 높은 하늘에 다 있기에 우러르기도 할 수 있는 것이다.

그곳에 슬픔이 있고 기쁨이 있기에 기도할 수 있는 것이다.

이글거리며 장려하게 지는 태양은 그 깊고도 깊은 노을이 있기에 가능한 것이다. 서방정토(西方靜土)를 동(東)에서 찾지 아니하고 어찌 서(西)에서 찾았겠는가? 이는 장려(壯麗)히 지는 저녁 해와 그 노을을 보았기 때문이 아닐까?

우리의 감정에도 구름과 같은 희로애락(喜怒哀樂)이 있기에 세상이 살 만한 것이다. 늘 기쁨만 계속된다면 그런 세상은 구름 한 점 없는 하늘만 계속되는 것과 같을 것이다. 희(喜)만 존재한다면 인생이 사막과 같을지도 모른다.

사람들은 비가 며칠이고 계속해서 오면 날도 참 지랄 같다고 욕을 한다. 비가 오지 않아 타들어 가면 하늘을 원망한다.

이것이 삶인 것이다.

인생이 살 만하여 죽기 싫음은 이 희로애락(喜怒哀樂)이 존재하기 때문이다. 화나면 당장 끝장내고 싶겠지만 이런 삶의 기복(起伏)이 인생(人生)을 인생답게 하는지도 모른다.

살아 보니 인생은 늘 한 끗이 부족하다. 그래서 그 한 끗을 채우는 것을 인생의 목표처럼 생각한다. 산속에서도를 닦는 이나 범속한 세상에서 아귀다툼을 하는 것도 그 한 끗을 채워보려는 것이다.

그런다고 과연 그 한 끗이 채워질까?

잠시는 모르겠으나 그것은 불가능하다. 인간의 마음이 그렇게 만들어져 있지 않기 때문이다. 그러나 인간은 그 한 끗을 채우기 위하여 끝임 없이 도전한다.

미움, 시기, 질투 이런 것들도 그 한 끗의 싸움 속에 일어나는 감정들이다. 얼핏 이것들은 다 쓸모없이 내다 버려야 할 것처럼 여겨질지 모르나 이것이 있기에 삶의 박진감이 있는 것이다.

모든 것을 다 받아들였을 때만 장려히 지는 해가 가능하다. 구름 한 조각 없이 찬연히 빛나는 노을은 없다.

이런 감정들을 다양하게 경험하는 것은 큰 행운일 수도 있다. 인생을 풍부하게 살찌우며 살다 가는 것인지도 모른다.

인생(人生)은 유한(有限)함에 큰 매력이 있다. 그러나 누구나 죽는다고 생각하면 인간이 불쌍하다. 사람의 눈동자가 불쌍히 보일 때가 있다. 그 한 끗이 모자라 고민하고 번민하는 모습을 볼 때다.

소년의 여행

소년은 강가로 나왔다. 소년은 강둑 걷기를 좋아했다. 언젠가 삼촌하고 고기잡이를 따라 나왔다가 강둑을 알게 되었다. 소년은 강둑을 걸으면서 그곳에 핀 꽃도 보고 풀도 보았다. 하늘에는 냇물처럼 구름이 어디론가 가고 있었다. 어떤 때는 파란 하늘이 더 큰 바다 같다고 생각하기도 했다. 강둑에서 바라보는 넓은 들은 소년의 마음을 어떤 미지의 세계로 밀어 넣듯했고, 소년에게 멀리멀리 가보고픈 마음을 불러 일으켰다.

사실 요즘 소년에게 그런 마음이 일게 한 것은 그것뿐만 아니다. 소년은 궁금증이 많았다. 구름은 어디로 가는지? 바람은 어디서 오고 어디로 가는지? 소년은 강둑에 나오면 저 푸른 들판 너머 무엇이 있을까 궁금하였다. 그리고 강물은 마을을 지나고 들을 지나 바다로 간다는 것쯤은 들어서 알고 있지만 바다의 물은 어디로 가는지 몰랐다. 소년의 궁금증은 소년을 멀리 멀리 어디론가 가고 싶게 만들었다.

오늘 소년은 이 강둑을 따라 조금은 멀리 가고 있다.

소년은 강둑이 그렇게 긴 줄은 몰랐다. 소년은 흐르는 물을 따라 낯선 산도 마을도 보았다.

강둑을 벗어나 어느 동네에 들어섰는데 무지개같이 큰 다리가 산과 산에 걸쳐있었다. 소년은 그것이 그렇게 신기했다. 소년은 산과 꽃은 본 적이 있으나 저렇게 하늘을 가로 지를 것 같은 높고 큰 무지개다리는 처음이었다.

소년은 무지개다리 아래를 지나 어느 산길로 접어들었다. 이제 강둑과는 아무런 상관이 없는 산과 산 사이의 작은 계곡만이 흐르고 있었다. 그 고개는 구불구불하여 뱀같이 이어졌다. 길에 올라선 소년은 무지개다리가 궁금하여 내려다보았다. 그것은 수로였다. 그곳으로 물들이 흐르고 있었다. 또 저쪽을 내려다보니 산골짝에 많은 물이 담겨 있었다. 무지개처럼 보였던 하늘의 무지개다리 아래로 흐르는 물은 골짜기에 담겨 있던 물일 거라고 생각했다. 소년은 처음으로 하늘 위로 물이 흐르는 것을 보았다. 아래로는 계곡의 물이 흐르고 무지개다리 위로 하늘의 물이 흐르는 것이다.

소년에겐 구불구불한 고갯길이 하늘로 오르는 길인 것처럼 느껴졌다. 그곳을 따라 오르면 오를수록 지상은 까마득히 내려다보이고 하늘은 점점 더 가까워졌다. 이제 아까 본 무지개다리도 그 계곡도 마치 장난감처럼 작았고, 계곡은 가는 실처럼 보였다.

하늘은 점점 더 가까이 다가왔고 구름들도 이제 소년의 머리 바로 위에 있는 듯했다. 소년이 강둑을 걸으며 본 세상과는 너무나 달랐다. 무지개다리, 산속의 큰 물, 하늘로 오르는 길, 내려다보이는 아래 세상, 이것은 소년이 강둑에서는 볼 수 없었던 것들이다.

그리고 고개 정상에 섰을 때는 하늘이 둘로 나뉘는 것처럼 지상의 땅이 갈라져 있는 것 같았다. 그리고 산들도 강물처럼 이어서 이어서 흐른다고 생각했다. 바람이 어디로 가는지도 조금은 알 수 있을 것 같았다. 고갯마루의 바람은 땀이 젖은 소년의 이마를 시원하게 씻어주고 있었기 때문이다. 그러나 구름이 어디로 가는지 강물이 바다에 이르면 어디로 가는지는 아직 몰랐다.

바람 따라 구름이 흘러가는 것을 보고 바다의 물도 어디로 흐를 거라고 추측할 뿐이었다. 내려가는 길은 금방 평평해졌다. 소년은 내려가는 길도 까마득히 오른 길과 비슷할 거라 생각했으나 조금 내려가니 금방 평평한 길이 이어졌다. 이것도 소년이 처음 알게 된 사실이다. 소년은 이쪽의 지대가 저쪽보다 높다는 것을 알 수 있었다.

옥수수밭이 나타나고 다시 소년이 늘 보던 민가의 집들이 나타났다. 그러나 아직은 산들로 둘러싸인 어느 산속이다. 넓은 들만 보던 소년은 이런 산속은 처음이다. 소년이 사는 마을도 앞에 산이 있고 뒤에 산이 있기는 하지만 이렇게 산으로 둘러싸이진 않았다.

그리고 골짜기를 거슬러 오르는 순간 소년은 놀랐다. 이렇게 첩첩산중에 궁궐이 있었기 때문이다. 두 개의 기둥 문을 지나고 궁궐의 문을 들어서니 그 문은 그냥 문이 아니었다. 무시무시한 눈을 가진 부리부리한 장군이 마주 서서 우툴두툴한 쇠방망이를 마치 후려칠 듯이 치켜들고 있었다. 그 모습의 무서움에 소년은 화들짝 놀랐다. 장수는 큼직한 발로 어떤 악한 같은 사람을 밟고 있었는데, 밟힌 사람은 장군에 비해 너무나 작았고 개구리처럼 밟혀 있어 눈이 튀어나오는 고통을 당하고 있었다. 그곳을 지나니 층층의 기와집과 어마어마하게 큰 황금 동상이 미소 짓고 있었다. 동상 머리 뒤에는 마치 무슨 원반 같은 게 달려 있었고 가슴으로 올려진 한 손은 약간 아래로, 다른 한 손은 위로 올려져 있었는데 마치 살아 있는 사람의 손처럼 느껴졌다. 소년은 동상의 그 같은 형상이 무섭기도 했고 신기하기도 했다.

산속에 이런 곳도 있다니. 소년은 마치 무슨 꿈을 꾸고 있는 듯했다.

날이 몹시도 무덥더니 어디선가 천둥이 치고 골짜기의

기와지붕 위로 먹구름이 몰려들었다. 빗방울이 일기 시작했다. 금방이라도 집어삼킬 듯이 비가 쏟아져 내렸다. 모든 문이 다 열려진 대웅전 뜨락 위의 처마 밑에서 퍼붓는 소나기를 피하고 있다. 거대한 황금 불상은 비를 맞고 그대로 서 있었다.

천둥과 번개가 작은 골짜기를 뒤엎을 것처럼 찢어질 듯한 소리를 내며 지나갔다. 비는 사정없이 내리고 있다. 소년은 하늘에 이렇게 많은 물이 있는 줄을 몰랐다. 처마 밑 소년의 뒤에는 금빛 좌불이 미소 띤 얼굴로 좌정해 있었다. 좌불 앞에는 촛불이 켜져 있고 향불이 타오르고 있었다.

그리고 소년은 지금 억수같이 쏟아지는 물이 바다의 물임을 어렴풋이 깨달았다. 바다의 물이 고갯마루에서 본 하늘로 흘러 이곳으로 내려오고 있다고 생각했다. 촛불과 향불 뒤의 그분이 그윽히 미소 짓고 있었다.

여름

모내기가 끝나고 숨을 돌릴 듯하면 여름이다. 말하자면 봄의 끝이 모내기철이라 할 수 있다. 한낮은 덥지만 밤은 이때까지만 해도 시원하다.

초봄에는 그런대로 비가 잘 내리다가도 모만 심으려 하면 그렇게도 가물었다. 날은 더워지고 모판에 모는 성인이 다 되도록 뿌듯이 자라 올랐지만 비가 오지 않아 애를 태웠다. 산골로 들어갈수록 천수답이 많아 하늘만 바라보던 때다. 작은 산골 물을 막아 무슨 보를 만든다. 둠벙을 퍼 올린다 온갖 수단을 다 써도 워낙 가물어 가뭄 앞에는 속수무책이다.

물싸움이 일어나는 때도 이때쯤이다. 어찌 간신히 모를 낸 논바닥도 가뭄에 갈라져 애가 타긴 마찬가지다. 골짝에서 찔찔거리고 내려오는 물은 마른 목을 축이기에 부족한 실정이다. 이때처럼 하늘을 자주 보는 경우도 드물다. 아무리 기다려도 비 올 기미는 보이지 않고 날은 여름을 방불케 불볕더위는 점점 달아오른다.

싸움이라 했지만 물싸움만큼 순수하고 뒤끝이 없는 싸

움도 없다. 비만 와주기만 하면 그 싸움은 없었던 거나 마찬가지다. "에이, 날이 웠지나 가문지……." 혼잣말처럼 이렇게 한번 되뇌면 그만이다. 시골의 싸움이라는 것은 대체로 이렇게 격렬하지만 순박한 싸움이다.

하지가 내일 모레인데, 하고 하늘만 쳐다보고 원망하는 경우도 있다. 하늘에 구름 조금만 끼어도 이제는 비가 오겠지 기대를 하여 보아도 몇 방울만 후두두 뿌리고 그냥 지나치는가 하면 먹구름이 잔뜩 하늘에 둘러쳐 미구에 내릴 듯하여도 이때는 무거운 구름만 머리 위까지 드리울 뿐 영영 그냥 지나가고 비는 주시지 않는다.

이렇게 애를 태우다 이제 올해 농사는 망쳤다고 한탄을 할 때쯤이면 하지 무렵이 다 돼서야 그토록 기다렸던 비가 내렸다.

비가 오면 갑자기 골짜기는 난리가 난 듯이 소 모는 소리 물 대는 소리로 시끄럽게 분주해진다. 베어낸 보리밭에 물을 가두고 소를 몰아 논을 삼고 물에 포은 진 사람마냥 콸콸콸 뿌듯하게 물을 댄다. 인생에 여기에 이른 것만큼 만족이 어디에 있으랴. 온 신천에 생기가 돋고 삶의 희망이 이는 듯하다.

우리 집 소는 영문도 모르고 논 가운데를 첨벙거리며 그의 큰 얼굴에 온통 흙탕물을 뒤집어쓰고 쓰레질을 하였다. 연신 고삐를 조이며 소를 모는 이에게도 힘이 솟았다. 우리 집 소는 숨을 몰아쉬며 이 논도 저 논도 삶았다. 논물은 분명 흙탕물인데도 추하게 느껴지지가 않는다.

개구리들도 놀라 써레가 한번 지나갈 때마다 무슨 홍수라도 만난 듯, 흙탕물 속에서 파도처럼 지나가는 써레질 뒤에 동고란 놀란 눈으로 고개를 내밀고 바깥세상을 살피기도 했다.

그날 밤 개구리는 유난히도 울어댔다. 수천수만은 되는 듯했다. 일제히 합창하듯 울어대는 개구리는 무슨 잔치라도 벌인 듯 밤새도록 울어댔다.

가물다 많은 비가 오면 산천초목도 좋아한다. 시들어 돌아가던 풀도 나무도 갓 세수한 청량한 얼굴로 물기를 머금고 있다. 개구리라고 어찌 가만히 있겠는가? 그들의 연회는 밤이 새는 줄을 몰랐다. 오늘 그들은 모든 시름을 잊고 사랑의 노래와 인생의 찬미가를 부르고 있는 것이다.

어찌 사람만이 물을 좋아하리. 삼라만상의 생명 있는 것들은 모두 물을 사모하나니 이것이 생명이다. 오늘은 하늘에서 비가 내렸으니 먹고 마시자 그리고 춤추며 노래하자. 이렇게 좋은 날 생로병사(生老病死)를 말해서 무엇하리 어서 짝을 찾고 사랑을 나누자.

가뭄 끝에 비가 내리면 그야말로 숲속은 대 잔치가 벌

어시는 셈이다. 사람만 갈증을 느끼는 게 아니다. 무릇 생명 있는 존재는 다 마찬가지니 생명의 환희가 이보다 더한 것이 있을 수 없다.

예전으로 말하면 지금이 모내기철이다. 이때만 되면 유독 날이 가물었다. 지금이야 관개시설이 좋아져서 물이 없어 제때 모를 내지 못하는 경우는 거의 없다. 들판에 나가 보니 모내기는 얼추 끝을 맺고 있다. 물이 흔한 세상에는 갈증의 단맛을 모를 수 있다. 갈증 뒤의 물 한 모금이 얼마나 값있고 단지. 갈증이 없는 세계는 그것을 모를 수 있다.

어쩌면 축복의 깨달음은 부족함에서 오는지도 모른다.

올여름도 유난히 더울 거라고 한다.

어느 길

나는 지금 어느 산길을 가고 있습니다. 이 길은 일 년에 한 번 오는 길입니다. 칡넝쿨이 길을 막기도 하고 가시덤불이 길을 막기도 합니다. 나는 낫으로 그 덤불의 숲을 헤치며 옛길을 따라 그 집을 찾고 있습니다.

그의 집은 민가에서 떨어진 한적한 산중에 있습니다. 일 년 내내 아무도 찾는 이도 없습니다. 있다면 매년 이맘때쯤 한 번 있습니다.

그의 집으로 가려면 처음에는 작은 산 다랑이 논길을 지나 조그만 계곡을 지나고 곧이어 숲이 우거진 능선을 따라 올라가야 합니다.

산은 우거져 어떤 곳은 아예 길이 막혀 앞으로 나갈 수 없는 길도 있습니다. 나는 낫으로 이리저리 풀을 쳐서 그 덤불을 걷어가며 옛길을 짚어가며 그의 집을 향하여 나아갑니다.

아직도 그 수풀 속에는 예전의 길의 흔적은 가시지 않고 사람의 발이 닿은 흔적은 수십 년이 지난 지금도 수풀 속에서 그 덤불 속에서 여전합니다.

여러 사람이 걷던 길은 세월이 흘러도 쉽게 지워지지 않는지도 모릅니다. 그 길이 그 덤불 속에서 그 숲에 묻혀 마치 없어진 것처럼 지워진 것처럼 그렇게 보일 뿐인지도 모릅니다.

특히 사람이 많이 넘나들던 고갯길은 그 파인 흔적이 정말 오랫동안 남습니다. 그런 길은 낙엽이 모여 길의 흔적을 지우려 하지만 옆에는 나무들이 자라 해를 가리고 그 낙엽은 다른 숲이 자라지 못하게 하여 더욱 오랫동안 남아 있습니다.

한번 이루어진 길은 이렇게 숲에 묻혀 있어서 오래도록 지속되는지도 모릅니다. 지금 나아가고 있는 그의 집에 이르는 길도 조금만 숲을 걷어내면 그 옛날 사람들이 오가던 자국이 아직도 선명히 남아 있습니다.

누군가는 이 길을 수도 없이 갔었다는 증거입니다. 우거진 숲을 걷어내며 길을 가려 하니 몸에서는 땀이 나고 덥기도 합니다.

나는 숲길을 헤치며 그가 있는 집을 향하여 가고 있습니다. 계곡에서 산바람이 불어와 내 몸을 시원히 식혀줍니다.

으름 덤불을 지날 때는 으름도 하나 따서 먹어봅니다. 옛길을 걷던 이들도 이렇게 땀을 식히고 머루랑 다래를 따서 먹었을 거라 생각해봅니다.

아마 그들은 이 길을 통하여 고개 너머 나무도 해서 날랐을 겁니다.

산길은 이제 한결 수월해졌습니다. 처음 시작되는 초입의 산길이 생각했던 것보다 거센 저항이 있는 곳인지도 모릅니다. 그곳은 큰 나무들이 없어서 가시덤불과 같은 수풀이 우거져 있고 작은 나무들로 덤불을 이루어 처음 산길이 더욱 어렵습니다.

이 길을 찾고 걷어내며 길을 가고 있는 중입니다. 이제 이 길을 지나 큰 나무들이 있는 길에 접어드니 걷어낼 숲도 없고 옛길은 더욱 확연히 드러납니다.

나는 낫을 놓고는 그 숲에서 젖은 땀을 식히기도 합니다. 사실 이 산길은 외롭습니다. 인적이 없으니까요.

인적 없는 길을 걸어본 적이 있나요? 온통 보이는 것은 나무들뿐입니다. 간혹 산새들의 소리가 들려오는데 어쩌면 그것이 더 그런 느낌을 주는지도 모릅니다. 그의 집은 그런 곳에 있습니다.

어느덧 그의 집에 다 와갑니다.

그는 말은 없지만 실로 반갑고 좋아하는 기색이 역력합니다. 그럴 겁니다. 일 년 내내 오는 이는 드물 테니까요.

햇볕이 아주 잘 드는 곳입니다. 앞의 시야도 좋고요.

산들이 아래로 선부 내려다보입니다. 참 좋은 집입니다.

그러나 그의 집은 조용하다 못해 한적하기만 합니다.

그런데 사실 나는 이분을 잘 모릅니다. 나의 조상이라는 것밖에는. 그렇지만 왠지 애정이 가고 정이 들어 있는 것만 같습니다.

그 역시 일 년에 한번 오는 내가 반가울 수밖에 없지 않겠습니까?

나는 그동안 자랐던 산소의 풀들을 정리하고 그의 뜨락에 앉아 멀리 산들을 바라봅니다.

그리고 내가 왔던 길을 생각해봅니다. 누군가는 걸었을 그 길이 막연하나마 나에게 어떤 생각을 불러일으켰습니다. 그 길은 우리 조상이 걸어온 길일지도 모른다는 생각을 하였습니다. 그러다 보니 한 번도 본 적이 없는 그분이 보고 싶어졌습니다.

그러나 볼 길은 없습니다. 어찌하면 뵈올 수 있을까요?

나는 곰곰이 생각해보니 잘 하면 만날 수 있겠다 싶었습니다. 내 조상이 어떤지 보려면 그간 내가 살아온 나를 깊이 살펴보면 되겠다는 생각을 하였습니다. 내 조상이 어떤 사람이었고 얼마나 훌륭한지는 나를 살피고, 더 나아가 우리 가족의 관계를 살펴보면 볼 수 있을 것 같았습니다. 그것이 곧 우리 조상의 모습이었을 테니까요.

나는 산을 내려오면서 내가 지금 가고 있는 이 길이 참 중요한 길이구나 하고 생각했습니다.

잔잔한 가을바람이 소슬하니 불어옵니다.

멋에 대하여

멋이란 미(美)의 범주에 속하나 꼭 시각적인 것만은 가리키지는 않는다. 이것은 미(美)도 마찬가지다. 아름다운 마음이라든지, 마음의 멋이라든지 하는 표현은 시각적 미나 멋을 표현하는 말은 아니다. 이런 표현은 시각적이지 않는 말을 시각화했다고 볼 수 있다.

일상생활에서 우리는 멋이라는 말을 많이 사용한다. 시각적 미(美)는 선험적 경험에 의하여 규정되나 멋은 감각적 지성에 더 가깝다고 생각한다. 이것은 아름다울 수는 있으나 멋스러울 수는 없을 수도 있다는 말이다. 멋이란 어떤 지성적 세련미에 속하기 때문이다. 꽃은 아름다울 수 있으나 멋있다고 표현하면 어색하다. 멋은 지성미를 표현하는 말인지도 모른다.

멋과 유사한 말로 '맛'이 있다.

맛은 멋을 미각화한 말이나. 그러므로 맛은 멋과 유사한 말이 아니라 같은 말이다. 미(美)가 선천적이라면 멋은 미와 달리 후천적 지성미이다.

가령 고려자기의 손잡이가 약간 정상을 벗어난 듯 처리

되어 있는 것이라든가 백자의 무미한 은은함이라든가 이러한 멋은 미적 감각의 지성이 없으면 나오질 않는다.

백자가 조선 선비의 모습을 그려낸 것이라면 그 백색의 은은한 여백은 선비의 정신을 표현한 것이라 추정된다. 여백의 미(美)는 지성적 멋이다.

나는 가끔 자연이 멋이 있다고 생각한다. 가령 저녁노을이 붉게 물들어 있을 때라든가 앞산에 흰 구름이 걸쳐 있을 때다.

멋은 어떤 포인트를 가리킨다. 보통 하늘에 늘상 무지개가 뜬다거나 노을이 지지는 않는다. 그럼에도 불구하고 그때 그 하늘에 노을이 붉게 졌다는 점은 주목할 만하다. 산허리를 두른 희고도 흰 구름도 늘 그런 것은 아니다. 멋은 어떤 포인트지 보편적 현상은 아니다. 이렇게 자연도 멋을 낸다.

어떤 자연의 멋은 아름다움을 넘어 경이롭다.

고려청자가 시각적 미(美)을 중시하였다면 조선백자의 순백미의 멋은 시각으로는 볼 수 없는 정신(精神)을 나타냈다. 이것은 조선 선비의 마음이기도 하고, 빛을 숭상했던 백의민족(白衣民族)의 마음을 상징하는 것이다. 우리 민족은 빛의 색깔을 흰색으로 보았다.

홍익인간의 이념도 태양빛처럼 널리 비춘다는 의미에

서 나온 우리 민족의 광대한 사상이 아니겠는가? 즉 홍익인간도 빛에서 나왔다는 뜻이다.

우리 민족이 흰 옷을 즐겨 입고 백자와 같이 유독 흰색을 좋아했던 것도 이런 정신이 담긴 멋에서 연유한다.

고려청자의 비취빛 푸름은 하늘을 본떴다. 이것은 자연의 색깔을 청자에 담고픈 마음에서였겠지만 하늘을 숭상한 우리 민족의 혼이 담겨 있기 때문이기도 하다. 조선백자의 은은하고도 부드러운 흰색이나 고려청자의 하늘빛 푸름이나 모두 하늘을 담고 있는 것이다. 말하자면 흰빛도 하늘이요 푸름도 하늘인 것이다. 이 얼마나 고상하고 멋있는 정신이란 말인가?

멋이란 이런 것이다. 단순한 기교나 교태를 표현한 것이 아니다. 멋은 지성(知性)의 표현(表現)인 것이다.

이러한 지성(知性)은 고요히 안정될 때 생겨난다.

고려자기나, 조선자기의 장인들도 아마 자기를 구울 때 어떤 기도를 하였을 거라고 생각된다. 안정된 마음 없이는 그 도(道)에 이르지 못함을 절실히 알고 있었기 때문이다. 이것은 단순한 기복을 비는 토템적 의식만은 아니었다.

현대사회는 복잡하고 마음의 안정을 추구하기 힘든 사회다. 그럼에도 불구하고 더 강한 미적 감각을 요구하는 자본적 상업시대다. 이는 외적 미만을 추구하는 부작용을 낳는다. 또한 겉멋만으로는 진정한 미(美)를 이룰 수 없을 것이다.

3부 - 밤꽃

밤꽃

아띠는 밤꽃 냄새를 시골 냄새로 알고 있다. 그녀가 살던 산골 마을도 유월이 되면 그 냄새가 났기 때문이다.

개구리가 산골 논에서 그때 한없이 울었다. 밤꽃 냄새는 싫은 듯하면서 싫지가 않았다.

그러나 그녀가 그 냄새를 알기 시작한 때는 어린 시절은 아니다. 그 냄새에 대하여 향수를 가지게 된 것도 그녀가 성년을 넘었을 때다.

온 산골에 그 냄새가 퍼져도 특별히 떠오르는 기억은 없었다. 성년이 넘자 마치 잊혀진 기억처럼 되살아났다. 그녀는 이상하도 그 냄새를 맡으면 포근한 느낌을 받았다. 그녀는 아마도 고향의 냄새라 그런 모양이라고 생각할 뿐이었다.

그 포근함이란 아주 부드러운 그 무엇에 안온히 안긴 느낌이라고나 할까? 그러면서 그 무엇인가 그리워지는 감정에 싸이곤 하였다. 그뿐만이 아니라 아주 오래전의 무엇인가가 떠오를 것 같았다.

"그래……. 이것은 내가 잊었던 고향의 냄새야."

혹시 밤꽃에 대하여 전혀 경험이 없는 사람도 이런 감정이 드는 것은 아닐까?

그럴지도 모르지. 이 냄새는 본능적인 냄새이니까.

아주 오래전의 기억까지도 더듬게 하는 냄새인지도 몰라.

참 이상하지!

꿈속 어딘가를 걷는 기분을 느끼게 하는 냄새 같기도 해. 혼자 걸은 것 같지는 않은데, 기억이 아물아물하면서도 그저 그립기만 하고, 그저 막연해.

어린 시절에는 그 냄새가 무슨 냄새인지도 몰랐다. 시골집에 여름이 돌아오면 그냥 나는 냄새였다. 그 냄새가 밤꽃 냄새인지도 몰랐다.

밤꽃이 화려했다면 알았겠지만 그 꽃은 아무의 눈길도 끌지를 못하였다. 그냥 밤나무가 무성해지면 수술처럼 허옇게 높다란 밤나무에 달려 있을 뿐이었다.

아띠는 고향을 생각했다. 그녀가 자란 곳은 아주아주 산골이었다. 엄미는 감자를 심고 아빠는 강냉이를 심었다. 아띠가 어려 시집 간 집은 그 아랫동네 머슴 같은 총각이었다. 남편이 도회지로 돈 벌러 나왔다가 죽어 지금 사는 남자는 그녀의 본래 남편은 아니다.

그녀는 지금 다른 남자하고 살고는 있지만 밤꽃 피는 이 계절만 되면 그의 죽은 남편 생각에 몸살을 앓는다.

그때 그의 마음에는 수없는 개구리 울음 소리가 들린다.

그녀가 살던 어린 고향의 논두렁처럼 밤꽃은 그녀에게는 본래의 고향을 생각게 하는 냄새인지도 모른다. 아띠에게 본래 고향은 그녀의 첫 남자였다.

아띠는 그 고향 생각에 밤새 젖었다. 그 계절만 되면 꼭 돌아올 것만 같은 그를 기다리고 있었다.

나의 아지미

나에게는 아지미라고 불리는 분이 한 분 계셨다. 촌수로 따지면 고모라고 불러야 하지만, 아지미라고 부르라고 해서 그렇게 부르기도 했다. 가까운 친척으로 우리 집 근처에 사셨다.

아카시아꽃이 피고 보리가 무성히 자라는 계절이면 고모 생각이 난다. 고모가 나의 머리를 쓰다듬어 주실 때는 엄마 같았다. 종이비행기를 접어서 같이 날리기도 하고, 앵두를 따서 나의 손에 들려주기도 하였다.

고모는 내게 이 다음에 커서 무엇이 되고 싶으냐고 물었다. 그때 내가 무어라 대답했는지는 기억에 없다.

보리가 무성히도 자라나는 날 고모는 감꽃을 주워 팔찌도 만들고 목걸이도 만들어 주기도 했다. 그러면서 너는 이 다음에 선생님이 됐으면 좋겠다고 했다.

고모도 선생님이 되는 것이 꿈이지만 서울로 돈 벌러 가야 된다고 하였다. 그리고 내가 이 다음에 선생님이 되면 아이들을 가르치는 모습을 꼭 보고 싶다고도 하였다.

서울로 가기 며칠 전에는 앵두나무 옆에서 쓸쓸히 서

있다 내가 다가가니까 나를 끌어안고 네가 보고 싶으면 어떻게 하느냐고 울었다.

전에도 나는 고모가 우는 것을 한 번 보았다. 어떤 아저씨 삼촌이 고모와 만나는 것을 보았다. 그가 돌아가고 고모는 마루에 앉아 울다가 내가 가니까 얼른 방으로 들어가 버렸다.

전에 같으면,

"응, 왔구나."

하면서 반갑게 맞아 주련만 그날은 그렇지 못하였다. 나는 시무룩해져서 힘없이 돌아 나오려니까 고모가 금방 눈물을 말끔히 닦고 아무 일도 없는 듯이 방에서 급히 나오며 나를 불렀다. 고모의 눈에는 젖은 자국이 있었다.

고모는 나를 마루에 걸터앉히고는 고모가 멀리 멀리 가도 되느냐고 뜻 모를 말을 하였다. 그러고는 며칠 뒤 고모는 서울로 간다며 나와 같이 접어서 놀던 종이비행기를 납작한 손지갑에서 넣으며 네가 보고 싶을 땐 이것을 꺼내 보겠다고 하면서 또 울었다. 나도 슬퍼서 아무것도 모르고 따라 울었다. 고모는 서울로 가기 전날 고모의 플라스틱 반지를 내게 끼워 주시면서 고모가 보고 싶으면 이 반지를 보라고 하였다. 고모는 그렇게 서울로 갔다.

얼마 후 고모에게서 편지가 왔다. 이 편지는 내가 생에 처음 받아본 편지였다. 내가 보고 싶다는 말과 엄마 말 잘 듣고 이 다음 다시 만나자는 말이었다. 이 다음 다시 만나자는 말에 나는 기쁘면서도 몰래 울었다.

내가 그때 답장을 했는지 안 했는지는 기억나지 않고 크리스마스 날 고모에게 카드를 보내려고 크레파스로 빨간 모자를 쓴 눈사람을 그린 기억은 난다. 나는 매일 매일 답장을 기다렸으나 고모에게서 답장은 없었다.

그 후 고모는 어떤 남자와 살림을 차렸다고 누가 하는 소리를 들었다. 아마도 전에 찾아온 그 삼촌일 거라고 생각하였다. 동네 사람들이 고모가 살던 남자와 헤어졌다고 수군거렸다. 그 후 다른 남자와 어렵게 사는데 그 남자가 아파서 곧 죽을지도 모른다고 하였다.

내가 대학에 입학한 지 얼마 안 된 5월 그 남자가 죽었다는 소문이 났다. 나는 언덕에 핀 아카시아꽃을 바라보았다. 늘어진 아카시아꽃이 내 마음 깊은 곳으로부터 쓸쓸한 느낌을 불러왔다.

다시 온다던 고모는 종이비행기만 가지고 가더니 영영 내 앞에는 나타나지 않았다. 내가 이 다음에 선생님이 되면 내가 가르치는 모습을 꼭 보고 싶다고 하였는데 나는 선생은 되지 못하였다.

올해도 아카시아꽃은 무성히도 피었다.

봄길

봄은 어디서 오는 것일까? 돌담 밑에서도 오고 산자락에서도 온다. 재잘거리는 새 소리에서도 오고 버들강아지 여린 가지에서도 온다. 봄은 여기도 저기서도 오지만 아지랑이 속 나물 캐는 여인의 바구니에 담겨 있다.

산과 들은 봄의 향연을 준비할 것이다. 내 어린 시절은 앞산과 뒷산이 모두 민둥산이었다. 불타듯 진달래 피면 우리는 민둥산에 올라가 진달래를 한아름 꺾었다. 뒷동산은 우리들의 놀이터였다.

희색의 할미꽃이 묘 뜨락에 피어 있기도 했다. 봄꽃은 새색시의 싱그러움과 화려한 치마폭 같지만 할미꽃은 할머니의 모습이다. 봄이 깊어지면 뻐꾸기도 울었다. 그때는 철쭉꽃도 피었다.

나뭇가지 싱그러운 잎들이 초록의 신록으로 되어갔다. 엄마 따라 산골 논두렁 끝자락에 미나리꽝을 치고 봄을 준비를 하기도 하였다. 그곳 개울가에는 버들강아지도 있었다. 봄이면 꽃들도 피지만 개구리도 울었다. 달빛이 비치는 깊은 봄밤에 개구리 소리가 문안으로 가득하기도 하였다. 아빠 개구리가 선창하면 엄마 개구리와 온 가족이 대합창을 하였다. 뒤이어 온 동네 개구리들도 노래했다. 그들의 합창 속에는 희망과 사랑과 애정과 슬픔이 함께 있었다. 그곳에는 남녀의 애틋한 사랑이 있고 임을 그리는 애절한 그리움이 있다.

그런 추억으로 논둑길 밭둑길을 걷는 것이 나는 좋다. 특히 봄길을 좋아한다. 한가로이 이 생각 저 생각을 하며 소소히 걷는 것이 좋다.

이곳은 명승지도 이름난 전경도 아니다. 논둑길이 자연스러운 선을 그리듯이 놓여 있고 약간 언덕진 곳에는 밭둑길로 이어지는 그런 길이다. 그 길을 지나 밭둑길이 끝나는 곳에는 나지막한 산들이 이어진다.

새로 돋은 풀을 보면 새로운 신선함이 있어 좋다. 대지에 새 옷을 입히는 것을 바라보는 것이 좋다. 나뭇가지의 새잎들이 춘풍에 잔잔히 흔들거린다.

멀리 살구꽃 복숭아꽃은 들뜬 기분을 주지만 그래도 순진한 새색시 같아서 좋다. 봄에 피는 벚꽃은 어찌 보면 여인의 치마폭 같다. 저 언덕에 핀 개나리꽃은 우울한 여인에게 새로운 생명을 주는 꽃이다.

우리 어머니 저고리에는 꽃무늬가 있었다. 나는 엄마 저고리 꽃무늬를 지금도 향수처럼 좋아한다. 지금도 어머니 저고리 생각하면 엄마 냄새가 나는 듯하다. 어머니 저고리는 화려하지 않고 잔잔한 꽃무늬였다.

벌써 논둑길을 지나 밭둑길을 지나 산자락에 들어섰다. 잔잔한 바람에 솔가지가 쉐- 하며 소리를 낸다. 솔가지도 봄이 되면 색깔이 젊어진다. 솔잎은 더욱 푸른 기운을 내고 그 기상이 한가롭다.

산은 언제 와도 좋다. 산은 청정한 선비의 매무새 같아서 좋다. 어디까지나 엄격하지만 무리하지 않는 자상함이 있다. 심산에 있는 높고 험한 산은 범인의 접근을 거부할 때도 있지만 선비의 모습이다. 산은 선비와 같이 멀리서 보면 엄격하고 가까이 다가서면 자상하다. 논둑길을 걸을 때는 어린 시절을 생각나게 하고 잔잔한 회상에 젖게 한다. 내가 구술치기하고 아이들하고 뛰어 놀던 때를 그리게 한다.

봄비 내리는 날은 더욱 그러하다. 봄비는 사람의 마음을 설레게 한다. 이것은 아마도 봄의 파릇한 색깔과 그렇게 되리란 기대감 때문일지도 모른다. 봄비가 대지에 내리면 온 생물이 일제히 깨어나 파란 싹이 돋아오를 것 같은 생동감을 느낀다. 봄비 머금은 봄풀은 더욱 푸른빛을 띠고 솔가지도 봄비에 젖으면 더욱 싱그러운 기운을 낸다.

봄비 오는 날은 기다리는 사람이 올 것 같은 어떤 기다림이 있다. 봄비는 조용하게 내린다. 살며시 적시는 봄비는 노년의 비는 아니다. 그것은 그리움을 간직한 청춘의 비다. 봄비는 청춘에게는 설렘이고 기다림인지도 모른다. 미지에 대한 그리움이고 그 설렘이 청춘을 아프게 한다. 그런 면에서 봄비는 사랑의 비인지도 모른다. 끊임없이 무엇인가를 그리워하게 하는 비라고나 할까? 청춘은 아프면서도 이것을 사랑한다.

이것은 싱싱한 청춘의 방증이다. 아픔이 없는 청춘은 청춘이 아닐지도 모른다. 봄비는 사랑 속에 아픔을 불러오는 청춘의 비다. 그러나 노년에게 봄비는 어떤 회상을 불러온다. 봄비는 노인에게는 과거인 청춘을 회상케 한다. 노년은 청춘을 회상함으로 다시 청춘으로 돌아가려 한다. 회상에는 언제나 먼 산을 바라보는 것과 같은 그리움이 있다. 그는 청춘의 복숭아꽃, 살구꽃을 회상할지도 모른다. 그리고 아팠던 그 시절을 그리워할지도 모른다. 봄비는 노년에게는 청춘을 회상케 하는 비다. 하지만 봄비는 어디까지나 청춘의 비다. 파란 싹이 돋아 오르고 온 천지가 생동할 때 발걸음을 딛는 연인처럼 봄비는 어떤 설렘을 안겨주는 청춘의 비다.

봄비 속에는 풀 냄새와 같은 향수가 섞여 있기도 하

다. 이것은 청춘의 냄새다. 이것은 청춘의 싱그러운 향기다. 그 향기는 청춘에서 나는 진한 봄비 같은 싱그러운 향기다.

자신의 냄새를 자신이 맡지 못하듯이 청춘 자신은 이 냄새를 모른다. 그냥 아픔만 있는 것 같다. 그런데 이 아픔은 청춘이 익어가는 일종의 성장통이다. 봄비는 이런 촉매 같은 역할을 하기도 한다. 청춘에게 봄비는 외롭고 쓸쓸함을 안기기도 하기 때문이다. 청춘은 많은 시간이 지난 후에야 이 향기를 안다. 아픈 청춘의 향기가 얼마나 값이 나가는 것인지를 알기에 그리워한다. 봄비는 그런 값을 알게 하는 비다. 그러나 어디까지나 봄비는 파란 싹이 돋아나는 청춘의 비다. 그리고 아플수록 그 향기는 짙다.

초록의 색깔은 매년 보아도 물리지가 않는다. 파란 싹이 대지에 올라올 때면 저 멀리 양지쪽에 아지랑이도 같이 피어오른다.

새싹은 인간의 영혼을 소생시키는 어떤 힘을 가지고 있다. 새싹을 보고 있으면 삶의 희망과 젊음의 신선함을 느낀다. 봄에는 풀들이 가장 먼저 자란다. 봄풀이 대지의 색깔을 가장 먼저 푸르게 한다. 그때 봄풀 냄새는 어떤 향수보다도 진하고 좋다.

봄꽃은 아주 작은 꽃들로 시작한다. 조그마한 봄바람

도 언제나 어린아이 같은 웃음을 띠고 있다. 그들은 서로 모여 재잘거리며 웃고 있는 모습이다. 작은 꽃들은 봄바람에 그 작은 손을 흔들며 나를 보아달라고 재롱을 피우는 듯하다.

작은 꽃들이 봄바람에 하늘거릴 때는 애처롭기도 하다. 마치 떨고 있는 작은 영혼 같다. 그러나 그 영혼들은 신성한 영혼의 얼굴들이다.

봄은 이렇게 연약하게 온다.

행복

어느 부부의 이야기입니다.

그들이 신혼 때의 일입니다. 그들은 부엌도 없고 화장실도 없는 2층 단칸방을 세 얻어 살게 되었습니다. 부엌은 처마 밑을 그런대로 사용하였으나 화장실이 문제였습니다. 화장실은 아래층 대문간에 붙어 있는 재래식 공동 화장실이었고, 그 화장실을 가려면 2층 옥상에서 가파른 시멘트 계단을 따라 내려가야 했습니다.

밤에는 그 계단을 따라 내려가기가 위험하기도 하고 무섭기도 하였습니다. 특히 비가 온다든지 컴컴하고 바람이 부는 날은 무서웠습니다. 부인은 무서워서 남편에게 지켜달라고 부탁하였습니다. 남편은 부인이 볼일을 보는 동안 망을 보았습니다. 비가 오는 날은 우산을 받쳐 들고 망을 보았습니다. 볼일을 보고 나온 부인은 남편의 우산 속으로 뛰어들곤 했습니다.

이슥한 밤에 둘이 화장실을 나와 밝은 달을 올려다보기도 했답니다. 부인은 매번 화장실을 갈 때마다 남편에게 망을 봐달라고 하기가 무척이나 미안하였습니다. 그러면서도 부인은 한 번도 싫은 내색을 하지 않은 남편이 고맙기도 하고 믿음직스럽기도 하였습니다.

가난한 부인은 몇 백 원을 들고 그런 남편을 위하여 없는 돈을 아끼려고 시장을 몇 바퀴씩 돌곤 하여 제일 싼 식재료를 구했습니다.

이것이 그들의 첫 번째 신혼일기입니다.

남편이 오랜 글쓰기 끝에 문학상을 받게 되었습니다. 그런데 그 시상식에 입고 갈 양복이 마땅치가 않았습니다. 남편의 일기장에는 이렇게 기록되어 있었습니다.

"지난 휴일에 옷집에 갔어요. 시상식에 입을 양복을 사려구요.

몇 십 년 전의 양복을 꺼내서 입어 보니 체형까지 변하여 도저히 입을 수가 없었어요. 나는 그래도 이만하면 되잖아 하면서 만족한 듯하였습니다."

그 일 이후 부인 혼자 남편 옷을 보러 나닌 보양입니다. 부인이 고심 끝에 내린 결론은 이것저것 재고품을 모아놓고 파는 집이었습니다.

며칠 후 옷을 사러 가자 하여 가게에 들어가 보니 저쪽

한구석에 양복이 걸려 있긴 했습니다. 부인은 이것도 입어보라, 저것도 입어보라며 조명도 컴컴한 옷집에서 권하였습니다. 혹시 남편이 짜증이라도 낼까봐 달래듯 웃으면서 말입니다. 그 모습은 마치 엄마가 아이에게 옷을 입혀보고 좋아라 하는 모습이었습니다.

그날 부부는 삼만 원도 안 되는 양복을 샀습니다. 비싼 것은 아니었지만 돌아오는 길이 왠지 행복했습니다. 붐비는 버스 안에서도 서로 꼭 쥔 손을 놓지 않았습니다.

고향

고향이 없는 사람이 어디 있느냐고 할지 모르나 고향이 없이 방황하며 사는 게 현대인이다.

나는 그래도 나은 편이다. 시골을 고향으로 두고 있어서 여기저기 잦은 이사는 없었다. 그러나 시골집도 한 번 옮긴 적이 있어 나 살던 집 앞을 지날 때 뭔가 잃은 쓸쓸한 느낌이 들곤 한다.

내 기억에 없던 때부터 버드나무가 개울가에 있는 집에서 유년을 보냈다. 머릿속에는 유아적 기억의 흔적은 없다. 단지 기억이라고는 어느 개울가 언덕 정도만 어렴풋하다.

어린 시절 나의 고향집은 보통 돌담이 있고 우리 집과 붙어 있던 아랫집에는 텃밭과 감나무 몇 그루가 있었고 후에 슬레이트 지붕으로 바꾸기는 했어도 지붕이 아주 낮은 이래 사랑이 있는 집이있다. 그 돌담 밑에는 가죽나무며, 앵두나무 이런저런 담쟁이 넝쿨이 돌담에 엉겨 새들도 날아와 지저귀곤 했다.

그런데 내가 고등학교 다닐 때 같은 동네이긴 했어도

아랫마을로 이사하게 되었다. 그때는 더 넓고 큰 집으로 이사하여 좋다고 생각했으나 시간이 지나고 세월이 흘러 인생의 연륜이 더해지면서 점점 옛집에 대한 향수가 떠올랐다.

뒷밭에는
보리가 무성했었지.
앞 논에는
개구리들이 무던히도 울었지.
감꽃이
마당 가득 지면
찔레꽃도 함께 피었지.
나는
무심히 홀로
내
살던 그 집을 생각하노라.

바로 앞마을로 옮긴 것뿐인데, 이처럼 고향이 바뀐 것이 아니어도 이런 심경이 들 때가 있다.

오가며

그 집을 보노라.

주인은 바뀌어 쓸쓸한데
옛 주인이 왔어도
마당만
허하니 빈집 같구나.

그 시절 내가
여기서 뛰어놀았노라고 말해도
대답이 없고
오호라
그리워라.

그냥 그 집에서 살았으면 어땠을까? 이런 생각을 할 때가 있다.

그냥 돌담 그대로 있었으면 좋겠다.

그냥 보리밭 무성히 있었으면 좋겠다.

감꽃이 지는 마당 그대로 있었으면 좋겠다.

어쩌면 나는 고향의 일부를 잃은 것인지도 모른다. 비록 허름하고 작은 집이라 하더라도 내 어린 시절 집과 고향에 대한 추억 그대로 있었으면 좋겠다. 10년, 20년, 30년, 내 집은 그대로 있었으면 좋겠다.

우리 아이들도 그런 고향을 가지게 했으면 좋겠다.

섣달그믐날

섣달그믐이면 마루 위에 환하게 등을 밝혔다. 읍내로 장보러 가는 것도 섣달그믐 전이다. 그날은 대목장이라 시골 장은 인산인해를 이루었다. 어물전에도 사람들이 말도 못하게 붐빈다. 제상에 올릴 명태포며 조기며 산자 따위를 사기 위해서다.

그곳에서는 사과며 배도 파는데 이것도 꼭 산다. 그날은 늘 오던 장사꾼 말고도 저 멀리서 대목장을 보기 위하여 찾아온 장사치들이 시장을 더욱 요란하게 하기도 한다.

섣달그믐이 되면 서낭당도 다른 때와는 다르게 사람들이 그곳을 지날 때면 돌무더기에 공손히 돌을 던지며 소원을 빌고 지나간다.

"엄마 나 고무신 사 오는 거지?"

지지바가 지 어머이 어지간히 볶아댄다고 성화다. 엄마는 오빠 걱정뿐이다.

"니 오빠 바지도 하나 사야 한다."

엄마가 그날 장에 이고 간 것은 올해 농사지은 콩 한 말하고 팥 두어 되다. 서낭고개를 넘어가는 엄마 뒤에다 대고

"엄마 내 고무신." 하며 소리쳤다.

그 고개는 어머니의 고개인지도 모른다. 어머니는 그 고개를 얼마나 넘고 얼마나 보았던가?

아버지가 그 고개를 넘어 돌아오지 않을 때도 수없이 보았고 소 팔러 가서 어둡도록 읍내서 그 고개로 돌아오지 않을 때는 안절부절 못하던 어머니,

행주치마에 손을 부비며,

"느그 아버지 왜 안 온다냐?"

그때 어머니는 서낭을 바라보며

"아이고 오게 해주시요." 이렇게 중얼거리며 그 고개를 눈이 빠져라 쳐다보았다. 그날도 아버지는 술이 고주망태가 되어가지고 소리치며 들어왔다. 아버지는 술을 참 좋아했다. 아버지는 술만 먹고 오면 어머니와 싸웠다.

우리는 아버지가 죽었으면 좋겠다고 생각하였다. 아버지는 이제 계시지 않는다. 아버지는 그렇게 술로 돌아가셨다.

엄마는 그런 아버지가 지겹지도 않은지,

"그래도 느그 아버지는 심성은 고운 분이셨다. 술만 먹으면 그래서 그렇지." 하며 엄마는 아버지를 깊게 회상하시곤 하였다.

아버지가 안 계시면 좋을 줄 알았는데 아버지 없는 집

은 허전하고 쓸쓸했다. 그리고 무서웠다. 다른 집에는 아버지가 다 있어 든든히 집을 지키고 있는 것만 같았다. 술 먹고 소리치던 아버지에 대한 원망은 어느덧 그리움으로 변하여갔다.

산기슭으로 기러기가 남녘을 향하여 멀리 "끼욱"거리며 지날 때는 엄마도 그 기러기를 처연히 바라보았다. 아버지도 저 기러기처럼 갔다가 다시 올 것만 같았다. 어머니는 맛있는 음식이 생겨도 아버지를 생각하는 것 같았다. 그럴 때는 어머니 가슴은 빈 가슴처럼 보였다. 어머니는 가끔 누구를 기다리듯 멍한 구석이 있었다.

오늘 제사 흥정을 하러 가는 어머니의 뒷모습도 그러했다. 겉으로는 오빠 옷 걱정하고 내가 사달라고 조르는 어머니의 가려진 뒷모습에 있었다.

섣달그믐 어머니가 대청마루 위에 밝히는 등(燈)은 어머니에게는 어쩌면 기다림의 등인지도 모른다.

아버지를 기다리는…….

이제 세월이 많이 흘렀다.

그러나

분희 어머니는 또 시집간 딸을 기다리고,

아들을 기다린다.

계절

더딘 걸음으로 계절이 오고 있다. 좀 더 빠른 걸음이었으면 좋겠으나 계절은 그러하지 않는다.

올여름은 유난히 습하고 덥다. 많은 비가 한꺼번에 내려 수해도 심하다. 산사태가 상처를 드러내고 하천이 범람하여 벼가 모래와 자갈에 쓸려 있다. 애써 지은 농사가 허사가 되었다. 오이밭도 물에 잠기고 수박밭도 흙물에 잠기었다.

자연은 정(情)이 없다 하는 말은 들었으나 야속하기만 하다. 비가 올해처럼 폭우로 쏟아질 때면 마치 성난 자연이 몸부림치는 듯하고 두렵다. 자연이 저리 화를 낸 적이 일찍이 있었던가?

인간의 편리를 위하여 얼마나 자연을 괴롭게 했던가? 그리 생각하니 자연이 화를 내는 것이 아니라 몸부림치며 앓고 있다는 마음까지 들었다.

자연도 앓는 것이다.

어떻게 치유할까 몸부림 치고 있는 것이다. 수해에 쓸려진 자리가 아픈 상처처럼 보이기도 했다.

자연은 언제나 제 모습을 잃지 않으려 애쓴다. 인간이 인위적으로 막은 둑이 허물어지고 산사태가 나는 것도 자연 그대로의 모습을 회복하고자 몸부림치는 것이다.

계절이 이렇게 더디게 가는 듯이 느껴지는 것도 인간의 입장일 뿐이다. 더워야 할 때 덥지 아니하고 추워야 할 때 춥지 아니하면 어찌 되는지 모르고 하는 소리인지도 모른다. 설령 안다 하여도 제대로 모르고 하는 소리인지도 모른다. 그렇지만 끈적이는 여름밤은 싫다.

나는 가을을 기다리고 있다. 책력을 보니 입추(立秋)가 그리 멀지 않았다. 이제 곧 여름 들판은 가을 들판으로 바뀔 것이다.

자연이 무정(無情)하다는 뜻은 정(情)이 없음을 말하는 것이 아니라 사사로이 움직이지 아니하고 자연의 큰 뜻으로 움직인다는 뜻이다.

너무 큰 사랑은 마치 사랑이 아닌 것처럼 느껴진다. 사랑이 없는 것이 아니라 너무나 커서 짐작조차 가늠하지 못하는 것이다.

들에 나가니 동부도 옥수수도 고구마도 어느덧 성년으로 자라 가을의 냄새를 내고 있다. 계절은 더디지도 빠르지도 않는 것이다. 그런데도 더디게만 흐르는 듯하다.

어제 저녁에는 조금 시원한 바람이 부는 듯하더니 오늘

아침 햇살이 유난히 빛나고 반짝인다.

나는 성급히

'아! 가을이구나!' 하였다.

하늘을 올려다보니 저 멀리 가을의 푸른 얼굴이 보였다. 계절은 알 수 없는 사이에 오는 것이다.

이 무더운 여름도 곧 갈 것이다. 더운 여름이 있어 풍성한 가을이 있으니 그때는 다시 여름을 찬양하리!

자연은 약속을 배반하지 않느니 여름 다음으로 가을이 온다. 올여름에도 얼마나 많은 일들이 있었던가?

나의 문학농장에서 흘린 땀을 생각해본다.

사람이 힘들다고 행복과 보람이 없는 것은 아니다. 내가 심은 가을 들깨 밭을 거닐며

그 향기에

아!

가을이구나!

이런 감탄사가 나올 것이다.

계절은 그렇게 오고 있는 것이다.

꽃씨

이번 가을에도 꽃씨를 받아야겠다. 매번 꽃씨를 받아야지 마음먹지만 생각처럼 잘 되지는 않는다. 마음은 늘 있어도 어느 사이 받을 때가 지나고 만다.

그러나 꽃씨를 받으려는 마음이 있으니 마음에는 언제나 꽃씨를 뿌리는 상상을 한다. 꽃씨를 어디에 심을까? 심을 장소며 피는 때를 그려보기도 한다.

시골집에는 어려서 여러 가지 씨앗봉지들이 있었다. 마치 한약방에 가면 약봉지들이 매달려 있는 것처럼 씨앗의 봉지들이 있었다. 그 봉지는 한겨울을 날 때까지 달려 있었다. 그것에서 어떤 신비한 느낌마저 들고 어떤 예술품을 보고 있는 것처럼 아름다움을 느끼기도 했다.

상추씨앗과 같이 흩어지기 쉬운 씨앗은 주로 종이봉지에 넣고 주둥이를 오므려 묶어 매달아 놓고 호박과 같은 씨앗은 씨를 발라 말려서 역시 종이봉지에 싸서 보관하는 경우도 있었으나 늙은 호박은 그 자체를 봄까지 안방이나 사랑방의 시렁에 달아놓거나 놓아두기도 했다. 옥수수씨앗은 알이 보이게 껍질을 벗겨서 벗긴 껍데기를 뒤로 올려 묶어 처마 밑이나 벽에 걸어 두었다.

씨앗이 달려 있는 봉지와 시렁 위에 올려진 씨호박, 옥수수자루는 조금은 촌스러운 시골 풍경이라 여겨질지 모르나 이것에서 어떤 예술적 미(美)를 느끼기도 했다.

오늘날로 말하면 일종의 설치미술인 셈이다. 빨랫줄에 빨래가 널려 있는 모습이나, 장독대의 장독도 어떤 각도에서 보면 예술작품 같다. 집은 비록 초라하지만 순박하게 매달려 있는 씨앗봉지와 옥수수뭉치, 마당에 장대로 고여진 빨랫줄, 거기에 걸려 있는 빨래, 장독대 이런 것과 합쳐지면 소박하고 순수한 설치미술이 연출될 수 있다.

지금이야 아기 귀저기가 빨래 줄에 널려 있는 것을 보기 힘든 세상이 되었으나 그전에는 흔히 볼 수 있었다.

어떤 예술가는 하늘에 떠 있는 달이 우리 모두 바라보며 마음을 담아내는 예술품이라 말한 것을 들은 적이 있다. 하늘에 달려 있는 달은 누구나 볼 수가 있다. 그 달은 거리의 제약을 뛰어넘어 언제나 내 마음을 그곳에 실어 보낼 수도 있고 그 달을 통하여 그리움을 달래기도 하였다.

오늘날 달은 예나 지금이나 변한 게 없으나 누가 요새 달을 보는 사람이 있는가? 어쩌면 우리가 지금 보고 있는 도시의 달들은 가짜 달인지도 모른다. 진짜 달을 우리는 잃어버렸다. 그 달을 보면서 아무도 그의 마음에 담으려

하는 이도 없다.

씨앗얘기를 하다가 엉뚱한 곳으로 흐르고 말았다. 씨앗봉지를 보면 우리의 순수한 마음이 발동하고 우리들의 마음에 잠재되어 있는 아련한 그 무언가가 일 듯하다. 달려 있는 씨앗봉지와 같이 장독대나 빨랫줄의 빨래, 밤하늘에 떠 있는 달 같은 것은 어떤 그리움, 순수를 자극하기도 한다.

예술의 아름다움은 그것에 대한 마음의 투영인 것이다. 씨앗봉지에서 어떤 아름다움과 정(情)을 느꼈다면 이는 꽃을 피움보다 더 순수의 정화일지도 모른다. 현대의 세련미는 어쩐지 각박한 느낌을 주거니와 씨앗봉지와 같이 허술한 아름다움에 더 고양된 아름다움을 내면에 받을 때가 있다.

꽃씨를 받으며 꽃을 보는 기쁨보다 꽃을 심는 마음을 느낄 때가 더 마음이 갈 때가 있다. 꽃씨를 받는 마음은 내면에 있다. 시각에 들어오는 것은 내면의 기쁨은 아닌 것이다. 꽃씨를 받을 때는 경건한 차분함을 맛본다. 그리고 뭐라 표현할 길은 없는 어떤 그리움이 아련히 몰려온다. 이 꽃씨를 어디에 심든 그것은 차후의 문제인지도 모른다.

어느 날 시골 달을 볼 때처럼 꽃씨에는 그런 순수와 그리움이 있다.

적멸의 시간

하루에 한 번쯤은 아무 생각도 안 하는 시간을 가지려 한다. 이는 머릿속을 텅 비워 내는 것이다.

그리하려면 나 혼자 있는 시간이 필요하다. 또 나만의 공간이 필요하다.

어떤 때는 새벽에 잠이 깨면 팔을 머리에 고이고 비스듬히 누어 이런 시간을 즐긴다. 아직은 모두가 잠든 시간이다. 이런 시간에 아무 생각을 안 하고 온몸을 비워 내는 것이다.

산책을 할 때나 바람을 쏘이려고 길을 걸을 때도 이런 시간을 갖는다.

숲길을 걸을 때도 이런 시간을 갖는다. 숲에 서 있는 나무들이랑 같이 이런 시간을 가지며 산길을 걸을 때가 있다.

산에 서 있는 나무들은 아무 말이 없이 아무 생각 없이 서 있다. 그때 나무는 모든 것을 비워내고 텅 빈 무상의 모습이다. 나무에 호흡을 맞추게 되면 나무처럼 아무런 생각이 없는 무아의 세계에 든 것마냥 아무 생각이 없어진다.

그러면 나무와 사람의 구분이 없어지고 아무런 구별이 없어지게 된다. 혼자 길을 나서는 맛이 이런 데 있다.

나무는 언제나 특별한 생각 없이 서 있다. 특히나 아름드리나무가 서 있는 숲에 이르면 그 고요함이 더 깊다.

아무 생각을 아니하고 다 비워내면 그대로 텅 비어 있는 것처럼 느끼면서도 무슨 생각이 차지하고 들어서는 것을 느끼게 된다. 그리 되더라도 다 비운 느낌에는 변함이 없다. 그 생각은 맑은 생각이기에 아무 생각이 없는 것처럼 느껴진다.

소리에도 묵상의 시간을 가질 수 있다. 가을밤 귀뚜라미 소리를 생각 없이 듣고 있는다든지 오월의 그믐밤에 무논의 개구리 우는 소리에 귀 기울인다든지 하면 수백 수천의 개구리 울음소리가 어떤 텅 빔의 소리로 연결된다.

그런 소리는 계절마다 있다.

겨울의 문풍지 소리가 있었으나 지금은 그런 소리를 듣기가 쉽지가 않다. 겨울밤 부엉이 우는 소리라든지 창호지에 나뭇가지 그림자가 일렁이며 한설의 바람소리를 듣고 있노라면 고요한 허공의 세계에 들 수 있다.

빗소리를 고요히 듣고 있어도 또 다른 소리의 빈 세계에 들 수 있다. 어떤 소리에 따라 그 소리가 인도하는 마음의 묵상이 다르게 다가오기도 한다.

한겨울밤 부엉이 소리를 듣고 있으면 태곳적 멀고 먼 아련한 공간에 놓이게 된다. 소쩍새 소리에는 어떤 가련하고 외로운 묵상이 계속되고 빗소리를 듣고 있으면 어떤 순수한 묵상에 든다.

묵상을 할 때 보통 눈을 감는다. 시각은 고요한 생각을 방해하기 때문이다. 청각도 그러할 때가 있으나 그 소리에 따라 고요한 생각을 빠르게 불러들일 수도 있다.

시각은 고요를 부르기에는 극히 제한적이다. 숲길을 걷는다든가 할 때 그 숲이 주는 시각적 자극이 도움을 주는 경우는 있다. 촛불을 앞에 놓고 기도를 드린다든지 할 때도 이런 시각의 도움을 받을 수가 있다.

아무 생각이 없이 텅 빈 것 같은 세계는 생명을 생명답게 한다. 적멸이란 모든 소음이 사라지고 아무런 걸림이 없는 세계에 듦을 이르는 말인지도 모른다.

잠시라도 적멸의 세계에 들어 보고 싶다. 아무 생각 없이 혼자 있는 시간을 즐기고 싶다.

맛

요리를 잘하는 사람은 어쩌면 소금을 잘 다루는 사람일지 모른다. 소금은 단순히 짠맛에 그치지 않고 모든 맛을 내는 데 관여하는 것처럼 보인다. 신맛을 신맛답게 하고, 단맛을 단맛답게 하는 등 말이다.

몇 가지 요리를 잘하는 사람은 다른 요리도 잘할 수 있다. 그는 맛의 조화에 대하여 이해하고 있기 때문이다. 가령 양념을 잘 다룬다든지 식재료의 조합을 잘 이해하고 있다든지 하는 것이다. 아무리 훌륭한 식자재와 요리 과정이 훌륭하여도 간이 맞지 않으면 돋보이는 맛을 낼 수 없다.

이런 의미로 보면 단연 짠맛을 내는 소금이 맛의 으뜸으로 칠 수 있다. 간장이니 고추장이니 하는 것도 소금이 빠지면 만들기 어렵다.

‘무슨 재미로 사냐?’라는 질문을 받을 때가 있다. 여기서 ‘재미’라는 말은 ‘맛’을 가리킨다고 볼 수 있다. 다시 말해 이 말은 무슨 ‘맛’으로 사는가로 해석할 수 있다.

“사는 맛이 난다.”는 말을 하거나 들을 때가 있다. 이

말에는 인생에도 분명 맛이 있다는 뜻이 들어 있다.

인생을 음식에 비유하자면 사는 맛이란 맛의 조화를 의미하는 듯하다. 인생은 어느 정도의 긴장감이 있을 때 사는 것 같은 기분이 든다. 이는 맛으로 치면 소금의 짠맛에 해당된다.

아무 목표의식도 없는 사람마냥 폭 퍼져 나태한 생활이 이어진다면 사는 맛을 느끼기란 어려울 것이다. 인생에 있어 양념을 칠 줄 모르는 사람은 삶의 변화를 줄지 모르는 사람이다.

같은 삶을 살지라도 얼마나 적절히 생(生)의 변화를 주면서 가느냐에 따라 색다른 신선감과 생동감을 느끼며 살 수 있다. 오직 목표만을 추구하다 보면 양념이 빠진 인생이 될지도 모른다.

어떤 때 사는 맛을 느끼는가?

잊었던 그날 장미 한 송이의 선물?

감사의 고백?

어떤 목표의 성취?

어떤 감동?

이런 것들이 사는 맛일 수 있다.

어떤 맛 중에는 본래의 맛이 희생당함으로 미묘한 맛을 낼 때가 있다. 가령 본래는 신맛과 단맛이나 다른 맛과 합쳐지면서 단맛도 신맛도 아닌 제3의 맛이 날 때가 있다.

자기를 희생함으로 다른 이가 위기를 벗어난다든지 어려움을 극복하는 것을 볼 때 우리는 감동하게 된다. 그리고 인생의 사는 맛을 느끼게도 된다. 이럴 때 인생에 대하여 부정적인 생각이 들다가도 인생이란 살아볼 만한 것이구나 하는 생각이 든다.

음식도 어느 한 가지만으로 맛을 낼 수 없듯이 인생도 그러하다.

평범한 식재료에서 얻어진

깊은 맛.

그윽한 맛.

달빛 같은 은은함.

사는 맛이란 어쩌면 그 사람의 인생철학에 속하는 것일지도 모른다.

귀뚜라미

여름 수풀 속에서 가느다란 명주실 같은 벌레소리가 들린다. 이것이 가을의 소린가 귀 기울인다. 계절은 모르는 사이에 온다.

늦은 밤 책상 밑 어디에서 귀뚜라미 소리가 들린다. 귀뚜라미가 어디서 어떻게 들어왔는지 책상 어느 구석에서 밤새 울어댄다. 고요히 귀 기울여 이 밤에 듣는다.

영혼의 울림같이
그 곡조가 가냘프다.
내 마음은
고요한 침묵으로 접어든다.
그 작은 소리의 줄기로
그와 내가 이어진다.
달빛이
창밖을 적실 때면
그 소리의
여름밤은
가을로 넘어간다.

가을은 여름 하늘에서도 온다. 여름 하늘이 푸르게 보일 때가 있다. 특히 푸른 여름 하늘의 별은 가을이 머지않음을 예고한다. 밤하늘이 파래지고 은하수의 방향이 동에서 서로 길게 늘어서면 가을이다.

잔잔한 풀 벌레 소리와 귀뚜라미 우는 소리는 심연 깊이까지 스며드는 영혼에 이르는 자연의 음률이다.

어느 음악가도 흉내 낼 수 없는 영혼에 닿는 소리를 낸다. 그 소리는 내가 가보지 못한 그 어느 곳의 깊이깊이 인도한다.

꿈의 세계도
현실의 세계도 아닌,
명주실같이 투명한
끊어질 듯 이어지는
그 소리가
영혼의 심저에 닿는다.
그 소리는 무념, 무아의 세계다.
그 소리는
명상의 소리다.

제일 처음 명상을 생각게 한 이가 바로 귀뚜라미, 그의 음률인지도 모른다는 생각을 하였다. 학교 다닐 때 내 책상 구석 어디서 귀뚜라미 한 마리가 밤마다 울었다.

외로운 한 영혼의 울림같이 들었던,

그리고

그

여름은 가고

곧 가을이 왔다.

장미

담장에 장미가 피는 계절이면 먼 곳을 향한 마음이 늘 언제나 맴돈다. 인간은 아주 먼 곳을 사모하는지도 모른다.

신(神)도.

사랑도.

인간은 날 때부터 먼 곳을 향해 가는 존재다. 몸은 어느 곳에 매일지라도 마음은 먼 곳을 향한 향수에 젖는다.

그곳은
고향과 같은 곳
어머니가 계신 곳
그는 나의 여인
먼 곳을 향해 걸어갈 수 있는
힘을 주는 이
죽을 때까지 걷다가
가슴에 안고
숨을
거두는 곳.

인간은 그렇게 먼 곳을 찾다가 죽는 존재이다. 인간은 마치 번지 없는 주막에서 하루 밤 묵어 길을 가다가 정착하는 듯하지만 어찌할 수 없는 마음에 하늘을 사모하여 다시 올라가듯 인간이 먼 곳을 향한 마음은 죽을 때까지 이어진다.

인간에게 정착이란 애당초 없는 것인지도 모른다.

문을
열고
나가고
싶어요.
그대
있는 곳으로
불러보고 싶어요.
그대의 이름을

이렇게
붉게 피워 놓으셨나요?

오늘
무엇을 보았나요?

무엇을
들었나요?

그것은 거짓.
내가 찾는 것은 그게 아니다.

사모하느니
너를 바라보게 한다.

닿을 수 없는
그리움에
너는 먼 곳을 바라보게 한다.

조화(造花)

시들지 않는 꽃이 어디 있을까 말하다가도 어딘가에는 있을 것만 같다. 어떤 사람이 조화를 들여다보다

"음? 이건 조화잖아!"

하였다.

그의 말속에는 생화(生花)인 줄 알았는데 그게 아니라는 실망감이 들어 있다.

차라리 그냥 생화인 줄 알았더라면!

생화면 어떻고 조화면 어떠랴. 아름다우면 되지, 이렇게 말하는 사람은 드물다.

요즘 꽃 중에는 자세히 들여다보고 만져 봐도 이것이 조화인지 생화인지 쉽사리 구분이 어려운 꽃도 있다.

만져 보면서도,

"이게 조화입니까?"

"생화입니까?"

묻는다.

구분 짓기 어렵다.

생화에는 향기가 있어 금방 알 수도 있으나 생화라고

다 향기가 있는 것도 아니니 냄새 하나로 생화와 조화를 구분 지을 수도 없다.

나는 꽃을 좋아하나 조경처럼 지나친 꽃 무더기는 좋아하지 않는다.

있는 듯,

없는 듯.

자연에 피는 꽃은 그런 꽃이다.

설령 온 산이 붉게 물든다 하여도 이런 숲 저런 나무가 같이 어우러져 있기에 덕지덕지한 느낌은 주지 않는다.

생화 중에 조화인지 생화인지 알 수 없을 바에는 차라리 조화가 낫다. 조화 같은 생화는 얼마나 지겨우랴!

웃음은 가식으로 가득하고 사고는 편견과 우월로 가득하다. 이것은 향기가 없는 꽃과 같다. 조화만도 못한 꽃이다.

얼마 전에 난에서 꽃이 피었다. 그가 봄을 먼저 알아본 것이다.

조화를 보고 생화인 줄 알고 환호할 때가 있다. 생화와 구분할 수 없을 정도로 아름답기 때문이다.

조화는 어쩌면 영원히 지지 않는 꽃을 사모하여 만든 것일지도 모른다. 언제나 변치 않는 꽃의 웃음 속에서 행복을 찾으려는 마음을 헤아려 보니 연민의 마음이 인다.

어쩌면 생화만을 꽃으로 보려 하는 마음이 닫힌 마음인지도 모른다. 지지 않을 꽃을 간절히 사모하는 그 마음이 어쩌면 진실로 아름다운 꽃인지도 모른다. 그는 현실의 아픔들이 꽃 속에 있는 웃음으로 영원 무진의 천상의 행복을 추구하고 있는 것은 아닐까?

소멸

시간은 모양도 냄새도 없다. 아침이 되고 저녁이 되는 것, 봄이 오고 여름의 계절을 넘어 가을이 오는 것, 모양도 냄새도 없는 시간의 흐름이 흔적만은 남기고 있다. 봄풀이 돋고 얼었던 얼음이 녹고, 꽃이 피고 지는 것, 가을 낙엽이 바람에 지는 것 이런 것들이 시간의 흔적이다.

시간은 우리를 세월 속으로 몰아넣는다. 시간 속에 흐르지 않는 것은 어느 하나도 없는 듯이 보인다. 모든 것은 세월의 추종자들이다.

시간이 흔적을 남기면서 가는 것을 세월이라고 한다. 내게도 시간의 흔적이 있다. 얼굴에 주름이 느는 것, 머리가 희어진 것 이런 것이 세월의 흔적이다. 이러한 시간은 멈출 줄 모른다.

세월의 특징은 몹시도 빠르다는 것이다. 아무리 장구한 세월이라도 지나간 시간은 단 한 번도 멈춘 적 없다. 멈춤이 없기에 세월은 빠르다.

세월은 새로운 것들을 가져오기도 하지만 모든 것을 무(無)의 세계로 돌려 놓기도 한다. 시간 앞에 무(無)가 되지 않은 것은 아무것도 없다. 있던 것은 가고 새로운 것들이 생겨나 또 세월을 타고 흘러가고 있다. 연기도 소리도 없이 소멸되어가는 세월의 공간은 모든 것을 시간에 실어 무(無)의 세계로 만들어버린다.

지금은 여름이다. 무성한 여름도 계절을 타고 넘어 시간의 흐름 속에 가을로 가고 있다. 여름 풀벌레 소리가 이 밤을 타고 흐른다. 저 소리들도 가을을 지나 겨울이 오면 흔적 없이 사라질 것이다. 그때는 겨울 바람 소리가 대신하고 나의 창가에는 벌레 소리 대신 겨울의 소리가 날 것이다.

세월은 소리마저도 소멸시키며 어떻게든 우주공간을 무(無)의 세계로 만들려 하는 것 같다. 어린아이가 나서 자라고 성년이 되어 노년에 이르러 수없는 소리와 추억들을 만들며 소멸의 세계로 향해 간다. 기억도 추억도 흔적도 모든 것이 무(無)로 돌아가는 영원한 소멸이다.

이러한 소멸은 세상을 아름답게 꾸미는 비밀을 가지고 있다. 소멸이 있기에 이 세상은 늘 새롭고 아름다우며 온갖 신기한 것들로 가득 차게 된다. 어른은 어린이에게 자리를 양보하고, 봄꽃이 지고 나면 여름꽃이 핀다. 여름은 열매를 자라게 하고 가을은 열매를 익게 한다. 대지는 늘 새로운 생성을 하며 언제나 기운차게 흐른다. 봄비가 내리면 온 대지는 기지개를 켜고 봄풀을 내고 겨울의 냉기를 몰아낸다.

세월은 사계를 가져오며 춘하추동을 만들고 활력을 잃지 않는다. 봄은 어린아이의 소리로 집안이 시끄럽고 벌과 나비는 꽃을 찾는다. 대지는 푸르고 모든 생물이 번창한다. 열매는 커지고 많은 생명수가 여름의 계절에 내린다. 천둥과 번개가 일고 태초의 하늘처럼 하늘은 굉음을 울리며 청춘의 포효처럼 대지를 울린다. 열매가 익고 붉어지는 가을은 천지의 생명을 먹여 살리는 결실을 한다. 그리고 겨울은 눈발이 날리며 온 천지는 고요 속에 접어들고 다시 봄을 준비한다.

인생도 꽃처럼 향기가 있다. 이는 소멸을 전제로 한다. 육신의 생이 영원하다면 어찌 향기가 있겠는가? 가기 때문에 아쉽고, 아픔이 있기에 생의 열매가 익는 것이다.

소멸은 인생을 사랑하게 한다. 계절에 춘하추동이 있듯이 인생에도 춘하추동이 있다. 춘하추동이 있기에 계절의 지남이 아름답고, 세월의 흐름은 무(無)로 돌아가는 소멸이 있어 아름답다.

나는 고요히 생성과 소멸을 본다. 그리고 그 친억 겁만년의 소멸의 공간 속에 내가 있음을 본다. 그 공간은 아무 소리도 흔적도 남기지 않는 무(無)의 공간이다.

자연(自然)의 냄새와 색깔

마늘도 늙어서 잎이 누렇게 변했다. 작년 가을에 심은 마늘은 추운 겨울을 언 땅에서 나고 봄을 맞아 파란 잎을 돋우면서 성년을 지나 저렇게 늙었다. 땅속에는 굵직한 땅의 열매가 맺히고 마늘 수확을 하고 있다.

나는 마늘 냄새도 좋아한다. 어려서 시골에 마늘을 캐서 집으로 들이면 뜰 한마당 마늘로 꽉 찼던 기억이 난다. 이때 마늘 냄새는 장미향이나 어떤 꽃 냄새처럼 향긋하지는 않았지만 마늘 특유의 냄새가 신선하게 느껴졌다.

마늘을 엮어 시렁에 달면 마늘 수확의 끝이다. 장을 보게 되면 시렁 위의 마늘을 내려 몇 접씩 가지고 나가 돈 대신 쓰곤 하였다. 그 마늘 보따리에서도 그 마늘 냄새가 났다. 이것은 자연의 냄새이기에 그리 거스르지 않는다.

여름풀도 늙어서 마늘처럼 누런빛을 띠는 것들도 있다. 여름 가뭄이 한 달이 넘게 이어지니 풀이 마른 탓도 있지만 어떤 풀은 봄에 성하다가 여름만 되면 쇠한다. 여름풀 역시 늙으면 누런빛을 낸다. 마늘잎처럼 누렇다. 보리가 익어도 누런빛을 낸다.

나무는 주로 푸른색이다. 아무렇게나 자란 숲에는 굽은 나무와 곧은 나무가 뒤섞여 있고 작은 나무와 큰 나무가 서로 어울려 숲을 이룬다. 숲을 이루는 작은 나무들은 가늘고 질서 없이 어지러이 돋아 오르고 그 속에는 넝쿨을 가진 놈도 있고 가시를 가진 놈도 있고 군락을 형성하는 놈도 있고 실로 가지가지의 집단들이 엉겨 있다. 그러나 그 잎의 색깔만큼은 푸르다.

그 속에서 꽃도 피고 열매도 맺는다. 꽃과 열매의 색깔은 주로 빨간색과 같이 화려한 색이다. 온통 파란색의 수풀 속에 깨끗하게 피어나는 붉은빛의 꽃은 더욱 붉게 보인다. 푸른색과 빨강과 같은 화려함의 조화 이것은 자연만이 가질 수 있는 재능이다.

그런데 산딸기와 같이 작은 넝쿨 속의 빨간빛들은 멀리서 보면 전혀 드러나지 않는다. 이것은 가까이 가야 볼 수 있다. 누렇게 늙은 여름풀도 멀리서 보면 여름의 푸름에 섞여 잘 눈에 띄지 않는다.

자연의 공통점은 이같이 시선을 그리 자극하지 않는다는 점이다. 자세히 보면 이런저런 모양이며 색깔이 섞여 있지만 어찌 보면 두루뭉술하고 질서 없는 것 같기도 하다.

인간이 가꾸는 정원은 인간의 시선을 자극한다. 인간의 정원은 두루뭉술한 무질서처럼 보이는 것을 배격하는 가운데 어떤 질서를 세우려 한다. 저 나무는 저곳에 심고 이 화초는 이곳에 심고 정원의 길은 이렇게 내고 여기는 잔디를 깔고 이렇게 해서 정원이 이루어진다. 이러한 인위적 질서의 추구는 언뜻 근사해 보일 수는 있으나 시선을 자극한다.

자연처럼 무미(無味)한 아름다움은 시선의 자극이 없다. 설령 자극이 있다 하더라도 물림은 없다.

언뜻 자극처럼 보이는 것은 아마도 처음 보는 자연이거나 평시에는 자주 접하지 아니한 자연이기 때문일 것이다. 그것은 어떤 신선미에 해당한다. 자극적일 만큼 신선한 풍경일지라도 그곳에 늘 거주하며 사는 사람들에게는 역시 그냥 평범한 자연인 것이다.

자연의 냄새나 색깔은 자극적이나 자극적이지 않고 화려하나 화려하지 않다. 어찌 보면 다 늙어서 누렇게 된 여름풀이나 사그라드는 누런 마늘잎이 초라해 보일 수는 있으나 자연 속에서는 전연 그런 시선의 자극을 주지 아니한다.

파란 숲속의 빨간 딸기가 언뜻 자극적으로 보일지 모르나 자연스런 조화의 빨강일 뿐이다. 자연의 특징은 자극을 주지 아니한다. 오래 본다고 머리가 아프거나 뛰쳐나가고 싶지는 않다.

냄새 또한 그러하다. 인공의 냄새는 얼핏 기막힌 향기 같을지라도 금방 머리가 아파올지도 모른다. 마늘 냄새는 어찌 보면 지독하기까지 하다. 그러나 그 냄새는 인간의 후각이 수용할 수 있는 우직한 자연의 향기로 돌아온다. 이것은 자연의 색깔이나 냄새가 인간의 정신적 영역에 속하기 때문이 아닌가 한다.

아무리 잘 가꾸어진 정원이라 하더라도 절로 형성된 자연에 비하여 정신적 요소가 결여되어 금세 질리는 것이 아닌가 싶다. 인생의 냄새와 색깔도 마찬가지일 것이다.

자연의 색깔은 무미(無味)하여 항상 영원을 추구한다.

개망초꽃

들에 피는 꽃 중에 우리 민초(民草)의 어머니를 닮은 꽃이 있다면 나는 개망초꽃을 들겠다. 산야(山野)의 주변 어디를 가도 이 꽃을 볼 수 있다. 빈 밭에도 피고, 저 언덕에도 피고, 어느 길가도 피는 꽃이다.

아무데서나 잘 자라는 생명력 강한 꽃이다. 그러고 보면 개망초꽃은 굳세게 일어서는 민초(民草) 같은 꽃이다. 언덕진 작은 틈바구니 자투리땅에도 비집고 씨를 뿌리던 우리 어머니들을 닮았다. 그래서인지 아름다운 꽃이기는 하나 어딘가 슬픔을 간직하고 있는 듯 보인다.

개망초꽃은 봄에서부터 가을까지 핀다.

개망초의 '개'라는 접두사는 대상을 천하게 취급하여 낮추어 부를 때 붙여 쓰는 말이다. 개떡, 개복숭아 등과 같이 떡이면서도 떡 축에 들지 못하는, 복숭아면서도 복숭아 축에 끼워주지도 않는 대상을 지칭할 때 쓰는 말이다.

'개'라는 말은 아마도 개(犬)에서 오지 않았나 한다. 개망나니란 말은 개(犬)처럼 천방지축일 때 쓴다. 못되먹었다, 이런 뜻의 천(賤)하다라는 뜻으로 사용할 때 쓰기도 한다. 개망초의 '개' 자(字)도 여기서 온 것이 아닌가 한다.

또한 '개'라는 말은 '흔하다'란 뜻으로도 쓰인다. 개떡이나 개복숭아에도 흔하다는 뜻이 포함되었을 것이다. 유사하지만 정품(正品)은 아니란 뜻으로 사용되기도 한다.

'개'라는 접두사의 뜻을 종합해 보면 천하면서도 흔하다는 뜻으로 요약할 수 있다. 그리 유쾌한 뜻의 접두어는 아니다. 흔하다라는 말 속에는 생활력이 강하다라는 뜻도 깔려 있다.

조건이 좋아서 고난도 역경도 견디어내는 것은 아니다. 그렇게라도 하지 않으면 살아남을 수 없었던 것은 우리 선조도 마찬가지였다.

하얀색
어머니의 저고리
묵은 밭 헤집던 그 손길처럼
가녀린
몸짓으로
언제나 들에 핀다.

아침에 들로 나가

비탈 밭 매는
허리 굽은 어머니

창백한 얼굴로 반기시던
그 모습
오늘도 이름 없는 얼굴로
그 밭에 피었네.

개망초꽃은 천대(賤待)를 당하면서도 어딘가에는 비집고 설 수밖에 없었던 우리 어머니의 삶 같은, 우리 선조들의 한(恨)어린 삶과 같은 꽃이다.

어떤 세파에서도 살아남았던 꽃이다. 남들이 다 버리고 간 폐허를 지키고 있는, 피하려야 피할 수도 없었던 옛 어머니의 삶과 같았던 꽃이 아닌가 한다.

끈질기게 살아남아
그 속에 하나의
희망을 피워내니,

빛을
사랑했던

백의(白衣)처럼

그대

흰옷 입으며 춤추리.

무심천

이제 겨울이 다 가고 봄이 온 느낌이다. 절기상 아직은 봄이라 하기에는 이르다 할 수 있으나 영락없는 봄이다. 봄 냄새가 나고 봄기운이 돌고 있기 때문이다. 어서 겨울이 지나고 봄이 오기를 기다리는 마음에 그리 보일 수도 있겠으나 봄이 머지 않은 것만은 틀림없다.

나는 지금 아무 소리 없이 흐르는 물과 같이 걷고 있다. 무심(無心)에서 보는 겨울 하늘이 유난히도 푸르고 맑다. 흰 조각구름이 깃털처럼 떠 있다. 바다처럼 작은 조각배를 싣고 가고 있다. 무심(無心)의 물을 들여다보니 그 하늘이 거기에 있었다.

멈춘 듯 흐르는 물은 맑고 넓은 하늘을 드리우고 있다. 한 조각 흰 구름이 비춰 보다 더 푸른 하늘을 그려내고 있다. 나는 걷던 길을 멈추고 그 물을 들여다본다. 창공은 본래 푸른 것이다. 물의 본향은 어쩌면 그 바다의 푸른 창공인지도 모른다. 수천 수백 그 억겁의 세월 무심의 물은 바다를 향한 마음을 접지 아니했으리라. 본향을 그리는 그의 마음은 그리로 그리로 향하고 있다.

할 일 없는 사람마냥
물가에 서서

한 생각
억겁의 세월에 무심(無心)히

소리 없이 멈춘 듯
무심지수(無心止水)

본향을 그리는 그의 기도는
언제나 고요하다.

한 줄기 바람에 겨울 갈대가 소리 낸다.

갈대는 마을을 이루어 살아간다. 갈대숲에 새들이 둥지를 틀고 갈대 마을에 살았다. 새들은 갈대의 슬픈 소리를 듣기도 하고 때로는 바람에 춤추며 노래하는 소리를 듣기도 했다. 철이 되어 마을의 새들이 떠나도 갈대는 겨울바람을 맞으며 누군가를 기다리듯 야윈 몸을 세워 멀리 보고 있는 듯하다. 무엇을 기다리는지 흰 머리 들고 저리도 서 있다. 버들강아지가 솜털을 입고 겨울을 나고 있다. 그 속에도 기다림이 있다. 이 겨울이 지나면 제일 먼

저 봄소식을 가지고 올 것이다. 파릇한 잎사귀에 봄 편지를 달고 올 때면 떠났던 새들도 다시 올 것이다.

갈대
마을에
봄이 오면

파릇한
버들

봄 편지 들고
새들이 지저귀며
그 소식 전하겠지

연이어 꽃들이
피고
한바탕 잔치가 있겠지

무심(無心) 아래로
기다림이

기다림이
흐른다.

어쩌면 우리의 삶이라는 것이 기다림의 연속인지도 모른다. 그것은 희망이기 때문이다. 갈대숲은 누구를 기다리듯 먼 먼 하늘을 내다보듯이 기다림이 있다. 무심(無心)은 오늘도 그 기다림의 하늘 바다로 향하고 있다.

열반(涅槃)

천리만리라도 떨어져 생각 없는 길을 가고 싶다. 가을빛은 눈이 부시도록 빛난다. 그 가을빛에 대추도 익고 울타리의 동부도 익어간다. 어떤 때는 아무 생각 없이 길을 떠나고 싶을 때가 있다.

마치 고향을 떠나 홀로 떠도는 고아처럼 잡히지 않는 마음이 그러할 때가 있다. 이렇게 가을빛이 비치는 날은 더욱 그렇다. 가야 할 곳을 가지 못하고 붙들려 있는 사람마냥, 기억 속에 잃은 고향을 찾듯이 그 무엇인가를 그리워하는 막연한 그런 것이다. 이럴 때 아무 생각 없이 떠나고 싶다. 태곳적 방랑의 삶이 아직도 내 몸속에 떠돌고 있는지도 모른다. 아무 곳에도 머물지 않는, 아무 것도 갖지 않는, 아무 생각도 없는 무념의 그런 방랑의 태곳적 자유를 갈구하고 있는 것은 아닌가?

생각 없이 빛나고 있는 가을빛, 아무 생각 없이 익어가는 가을 대추, 붉은 수수의 키 큰 모습, 가을빛에 빛나는 가을 들판 어느 것 하나 무슨 생각이 있는 것처럼 보이지는 않는다. 간혹 붉은 홍시의 웃음, 빨간 대추의 소녀다운 얼굴 이런 것들이 있긴 하지만 이것 역시 무슨 생각 있는 웃음은 아니다. 내 생각에서, 내가 가진 것에서 벗어나고 싶은 충동은 혹시 아무 생각 없이 지내고픈 자유의 희구는 아닐까? 이렇게 천리만리 떨어진 곳으로 가고 싶은 마음은 내 머릿속 생각과 내가 가진 모든 것들을 버리고 싶은 충동은 아닐까?

어쩌면 인간은 가지려는 욕망과 버리려는 욕망 사이에서 갈등과 좌절을 겪고 있는지도 모른다. 내가 아는 모든 것을 버리고, 내가 들은 모든 것을 버리고, 나의 모든 생각을 버린 자유로운 상태를 바라는 것은 아닐까? 어쩌면 내 소유가 나의 자유를 지켜줄 것이라는 믿음은 헛된 것일지도 모른다. 천리만리 모든 것을 벗어버리고 잊고 싶은 충동이 그것의 방증이다.

나는 지금 잊음의 길을 걷고 있다. 가다 보니 어느 산중(山中)이다. 이곳은 포도밭도 없고 인가도 없다. 나무와 수풀만이 우거진 첩첩산중에 이른 것 같다. 인간의 육안이란 이런 것이다.

내가 이리 가든 저리 가든 아무 제지가 없다. 그런데도 나는 어느 산길의 갈림길에서 이리 갈까 저리 갈까를 생각하다가 오늘은 더 아무 생각 없는 낯선 길을 가보기로 했다. 이 길은 참나무 숲이 우거진 인적 없는 길이다. 숲의 나무는 이리 구불 저리 구불 아무 생각 없이 서 있다. 이곳은 매미 소리도 없고 아무 소리도 나지 않는다.

들리는 소리가 없으니 일어나는 생각도 없다. 나는 이제 아무 생각이 없는 숲에 들었다. 솔바람 소리가 지나갔다. 그러나 그 바람은 솔에서 일어나 솔에서 사라졌다. 나는 그 길에 얼마를 걷다가 머물며, 머물며 걷다가 절을 향하여 다시 걸었다.

산속의 절에 들르니 텅빈 마당에는 아무 것도 없다. 스님들은 다 어디 숨은 듯이 보이지 않는다. 절이란 본래 스님의 집이 아닌가? 마치 주인이 집을 비워두고 멀리 떠난 느낌이다.

나는 해가 지는 절 마당을 서성이다가 포도밭이 있고 민가가 있는 곳으로 내려오고 있다. 개 짖는 소리도 들리고 포도밭의 울타리도 보였다. 다시 차 소리가 들려오고 사람 소리도 들렸다.

오다가 어느 길가 수풀 밑에 떨어진 죽은 새 한 마리를 보았다. 새도 살면서 수많은 생각을 했을 것이다. 이제 죽음이 되어 아무 생각 없이 누워 있다. 아픔도, 고통도, 삶도, 죽음도 이제 그에게는 없다. 그는 이제 아무 생각 없는 열반(涅槃)이다. 무여(無餘)의 열반(涅槃)이다. 다시는 어떤 고통도 없는 무여열반(無餘涅槃)이다. 막대기 하나를 찾아내어 흙을 파고 그의 주검을 묻어주었다.

“이제 편히 쉬라.”라며 마음으로 염하며 집을 향해 내려왔다.

저기 저녁하늘이 붉은 빛으로 물들어 있다.

분녀

오늘은 분녀가 시집가는 날이다. 분녀의 아버지는 분녀가 나기 전에 죽었고 그녀의 어머니마저도 분녀가 어려서 열병에 걸려 죽었다. 분녀는 이모 밑에서 자라며 이모를 어머니라 생각했다. 그래도 어머니가 보고 싶을 때는 멍하니 하늘을 쳐다보기도 하고 어느 날은 꽃을 한아름 꺾어 들어오기도 했다.

그녀는 미친년처럼 밖을 쏘다니며 꽃을 꺾어 머리에 꽂고 동네를 휘젓고 꽃밭에서 자주 놀았다. 그러고 다니는 것을 보고 동네 사람들은 그녀가 미쳤다고 수군거렸다. 그러나 사실은 분녀가 미쳐서 그런 게 아니라 엄마가 보고 싶거나 그리워지면 이렇게라도 해야 울적한 마음이 풀렸기 때문이다.

이모가 좋은 말로 타이를 때 분녀도 이모의 말이 맞다고 인정은 하면서도 자기도 어쩔 수 없이 밖으로 뛰쳐나와 또 들이고 산이고 마냥 돌아다녔다. 분녀의 이모도 처음에는 엄마 없이 자란 것이 불쌍하여 사정도 하여 보고 달래도 보았으나 소용이 없었다. 이모는 이것이 못마땅

하여 분녀를 이제는 원수 대하듯 한다. 때로는 저년은 허구한 날 저 지랄 하고 있다고 욕까지 퍼부었다.

그런 분녀가 오늘은 시집을 간다. 먹벵이골 총각인데 귀가 조금 먹긴 했지만 마음 하나는 착한 사람이었다. 그도 아버지 없이 자라 그 나이가 차도록 짝을 정하지 못하다가 개울 건너 먹벵이댁이 주선을 하여 다리를 놓은 것이다. 그 총각은 먹벵이 댁의 먼 친가 되는 총각이었다.

연지와 곤지를 찍은 분녀는 헝클어진 머리로 싸돌아다닐 때와는 전혀 다른 모습이었다. 그렇게 꾸며 놓으니까 다른 사람처럼 보였다. 연지도 찍고 곤지도 찍고 이마에 족두리를 쓰고 가마에서 살포시 내리는 분녀는 말 그대로 하늘에서 내려온 선녀 같은 예쁜 신부였다. 그런 모습을 본 동네 사람들은 이제 분녀도 마음잡고 잘 살았으면 좋겠다고, 그녀를 욕하고 쑥덕거렸던 사람들도 그날만큼은 모두들 덕담을 하였다. 가정이 넉넉하지 못한 이모는 분녀에게 이렇게 형식만 갖추어서 시집을 보내고 있는 것이다.

분녀가 살던 마을에서 성황당길 같은 고개를 넘어가면 분녀가 시집가서 살 산골집이 있다. 그 산골 동네는 온통 사방이 겹겹으로 쌓인, 말 그대로 첩첩산중이다. 마을 입구에는 몇 백 년쯤 묵어 보이는 아름드리 팽나무가 두 그루 있고 그 아름드리나무 아래에는 언제 쌓은 지도 모르는 아주 큰 돌무더기가 있었다. 그 돌무더기는 검은 색의 돌무더기였다. 그 돌무더기에는 언제나 금줄이 처져 있었다.

분녀의 남편은 귀가 먹어 누가 말을 하면 눈만 멀뚱히 뜨고 바라볼 뿐 아니라 행동이 약간 굼떠서 어떻게 보면 바보처럼 보였다. 그러나 보기만 그렇고 실은 성질이 온순하고 착한 사람이다. 그래서 사람들은 분녀가 시집갈 때 연지 찍고 분 바른 모습을 본 이후로 그 총각에게는 과분하다고 수군거렸다.

분녀가 시집가고 몇 년은 그 동네에서 아들 하나를 두고 감자 농사도 짓고 비탈진 밭에는 옥수수도 심고 하여 잘 살았다. 분녀의 남편은 분녀를 사랑하여 어떻게 하면 분녀를 편안하게 할까 하여 농사일 틈틈이 다른 마을로 품팔이를 가기도 하였다.

농사일을 그만두고 식구들을 데리고 이사하여 도시로 품팔이를 찾아 떠난 지 칠팔 년 쯤 되었을 무렵 분녀가 예전의 분녀처럼 들꽃을 꽂고는 다시 나타났다. 분녀의 남편은 귀가 어두워 공사장에서 장비가 다가서는 것을 미처 보지 못하여 죽고 어린 아들마저도 병으로 죽고 말았다.

그녀는 실성한 사람이 되어 마을로 돌아와 동네 어귀의 돌무더기 앞에서 머리를 풀어헤치고 꽃다발을 끌어안고 마치 살아 있는 아들인 양 다독이기도 하고 우리 아들 잘도 잔다 잘도 잔다고 중얼거리기도 하였다. 울다가도 금방 웃는가 하면 정신이 돌아올 때는 그가 예전에 부치던 감자밭에서 일을 하기도 하였다. 동네 사람들은 그런 그녀가 무섭기도 하고 불쌍하기도 하였다.

분녀는 때로는 마을의 돌무더기 나무 아래서 누구를 기다리듯 혼자서 멍하니 서 있기도 했는데 그러다가 누구를 만난 듯 반가워하며 빨리 오라고 허공에다 대고 손짓을 하기도 하였다. 사람들은 그가 정신이 나가 아들과 남편을 기다리는 것이라고 했으며 밤이 늦도록 그녀가 그러고 있으면 모두가 안타까워했다.

"비나이다. 비나이다. 성황님께 비나이다. 칠성님께 비나이다. 성주님께 비나이다. 우리 아들 물 건널 때 용왕님이 살피시고, 우리 낭군 산 넘을 때 성황님이 살피어 천지간에 무탈하고, 우리 아들 병났을 때 성주님이 돌보시고 밤길 갈 때 칠성님이 살피소서……."

이런 기도를 할 때는 미친 듯이 나는 듯이 너울너울 춤을 추고 북을 쳤다. 그날 저녁에도 분녀의 춤은 계속됐다. 사람들은 분녀의 북소리만이 밤공기를 가르면서 어떤 때는 멀리서 어떤 때는 가까이서 들리는 것을 들었다.

그러나 누군가가 분녀가 나무에 올라갔다고 소리쳤다.

마을 사람들 모두가 달려나와 분녀가 나무에 오른 것을 올려다보았다. 분녀는 우리 아들 저기 있다, 우리 낭군 이리 온다 하며 계속하여 가파른 나무꼭대기로 오르고 있었다. 그녀의 모습은 이제 아슬아슬하다. 저러다 내려오겠지 했던 마을 사람들도 웅성이기 시작했다. 그때였다, 그는 공중에 누가 있기라도 하듯 두 팔을 벌려 맞으며 나무 아래로 떨어져 내렸다. 일순간 사람들은 아- 하며 나무 위를 쳐다보며 소리 질렀다. 분녀는 아들의 이름을 희미하게 부르며 허공에 손을 내밀어 그녀의 가슴에 안았다. 순간 세상은 정적처럼 달빛처럼 그렇게 고요하기만 했다.

그날 밤 달빛은 그녀가 마지막 가는 길을 준비하고 차려입히려는 듯 옷자락처럼 공중에서 내려앉아서는 희고 너울지게 비추고 있었다. 그리고 그녀는 그가 놓아둔 꽃다발 아래로 떨어져 내렸다.

그 후 분녀의 춤도 북소리도 들리지 않았다. 사람들은 분녀가 미쳐서 나무에 올라가 떨어져 죽었다고 하였으나 그녀는 결코 미치지 않았다. 분녀는 그저 한 아이를 지극히 사랑했던 어머니였고 한 남편을 사랑했던 그의 아내였다.

만추(晩秋)

마당에 빨간 감잎이 떨어지기 시작하면 가을이다. 떨어진 나뭇잎을 비로 쓸지만 다음 날 아침에 일어나 보면 또 마당으로 가득하다. 쓸어내는 수고를 덜려면 저 낙엽이 다할 때까지 기다려야 하는데 끝이 없는 듯이 떨어진다. 그러나 이렇게 성가시게만 보였던 잎들에 언제부터인가 정이 갔다.

이제부터는 쓸지 않으리라. 붉은 잎이 한마당 가득하여 마치 가을 잔치라도 하는 것처럼 이제는 그렇게 보인다. 가을 햇볕을 받은 감잎들의 붉은 색깔이 마치 웃음을 지니고 있는 것 같다. 나는 스스로 낙엽을 쓸어내지 않은 것이 대견했다.

붉은 감잎 위로 수없는 가을별이 내리꽂히던 추석에 병덕이는 색시까지 데리고 와서 동네 사람들의 입에 오르내렸다. 중매로만 결혼을 해오던 마을에 병덕이가 색시를 데리고 왔으니 자그만 시골동네에는 그것이 화젯거리가 되었다. 대부분의 어른들은 말세라고 한탄하는 반면 젊은 사람들은 그런 색시를 데리고 온 것을 내심 부러워했다. 딸을 가진 이들은 걱정이 되었다. 너도 나도 도시로 나가는 판에 집에서 일만 시킬 수도 없고, 그렇다고 무작정 도시로 내몰 수도 없는 그야말로 진퇴양난이 아닐 수 없었다. 자식의 혼인 역시 어렵기는 마찬가지다. 혼인도 하기 전에 남자 하나씩을 몰래 사귀는 일이 비일비재한 판에 소문이 파다해지면 이놈의 가시나 다리몽둥이를 분질러놓아야지 하며 단속하지만 자식은 부모 마음대로 되지 않는다.

건너 마을 이 아무개 딸도 옆집의 덕팔이와 눈이 맞아 오래도록 정분이 나도록 그 집 아버지는 까맣게 모르고 있었다. 그도 그럴 것이 그녀의 아버지도 딸 단속을 단단히 한다고는 하였지만 높다랗게 달린 창문으로 덕팔이가 은밀히 넘나들었기 때문이다. 더군다나 그 집 딸 방의 뒤창은 바로 텃밭이라 몰래 다가와서 문을 두드리거나 그것이 여의치 않으면 자기들끼리만 통하는 신호로 연락을 주고받으니 알 턱이 없었다.

정분이 나기 전 덕팔이와 둘은 그냥 오빠 동생 사이였다. 덕팔이의 얼굴은 언뜻 보면 우락부락해 보이지만 생긴 것과는 다르게 착한 구석도 많았다. 덕팔이는 나무도 잘 하고 장작도 잘 팼다. 덕팔이 나뭇짐은 아무도 따를 자가 없었다. 힘이 장사라서 단오 때 씨름판이라도 벌이면 그날은 그의 날이나 마찬가지다. 덕팔이는 어깨에 힘을 주고 활개를 치며 다녔다. 씨름은 물론 무거운 모래가마니 들기 우승도 덕팔이 차지였다.

그런 덕팔이가 기다란 감전지로 홍시를 따서 담 넘어 그 집 딸에게 건넨 것은 최근의 일이다. 덕팔이가 긴 장대로 홍시를 따는 것을 올려다보면서 홍시가 그 감전지에 꽂일 때 박수를 치고 깔깔대며 재미있는 양 웃음을 보내면서 둘은 정분이 났다.

덕팔이는 신이 나서 잘 익은 홍시를 감전지에 붙인 채로 담 너머로 보내면 또 까르르 웃으면서 받아들고 좋아라 했다. 그럴 때마다 덕팔이는 무슨 묘기라도 부리듯 신명이 나서 아슬아슬 높다랗게 달린 홍시를 따서 그녀의 품에 안기곤 하였다.

그 집 어머니도 덕팔이 하고 딸이 서로 친하게 지내는 것은 안다. 딸아이가 까르르대고 웃는 모양이 조금은 못마땅했지만 이웃끼리 담 너머로 홍시를 주고받을 수도 있지 하고 대수롭지 않게 여겼다.

그래도 혹시나 해서 다 큰 것이 그렇게 웃음이 헤프면 못 쓴다고 힐책은 하였으나 딸은 엄마 말은 들은 체도 아니 하였다. “엄마두 참! 내가 우쨌다구 그려유.” 하며 또 깔깔거리고 웃었다.

"오늘은 안 된다고 했잖아."

그녀는 아버지가 눈치라도 챌까 봐 소근소근 창틈으로 덕팔이를 달래도 보고 자꾸 이러면 이제 그만 만난다고 겁도 주어 보았지만 전혀 소용없는 노릇이었다. "그냥 잠깐만 들어갔다 간다니까, 얼른 문 열어." 이렇게 소곤소곤 옥신각신하다가 다른 사람 눈에라도 뜨이면 더욱 큰일이라 생각하고 창문을 열어주고 만 것이다.

그런 일이 있고부터는 둘 사이가 심각해져 그만 도망치기로 했다. 배는 점점 불러오고 아버지 눈치도 심상찮다. 아직은 내막을 모르는 듯하나 그녀 아버지가 아는 날이면 날벼락이 날 것이고, 어머니는 이제 부끄러워 마실도 못 가게 생겼다고 아이구 땜을 놓고 퍼질러 앉아서 울고불고 난리를 피울 것이 뻔한데 큰일이다.

그러나 사정이 딱하기로는 그녀나 덕팔이 모두 마찬가지다. 배운 것이라고는 초등학교가 전부고 동네에서는 씨름과 모래 가마니 들기로는 이름을 날렸지만 도시 생활은커녕 읍내 한 번 제대로 다녀보지 못했다. 할 수 있는 건 나무하고 농사일뿐이다.

그녀가 하루는 덕팔이에게 은밀하게 함께 도시로 도망가서 살자고 제안을 했다. 덕팔이는 소 도둑놈마냥 말없이 담배만 빼끔빼끔 피울 뿐이었다. 그러면서 한다는 말이 "나는 안 갈 거여, 나는 시골에 살 거란 말이여."

그날 밤 덕팔이도 그녀를 설득해보려 했으나 말 재주도 없을 뿐만 아니라, 그녀의 도시로 향한 마음에 덕팔이의 말이 먹힐 리가 없었다. "난 시골이 싫단 말이에요. 더군다나 우리 아버지가 알기라도 하면 나는 죽는단 말이에요. 덕팔씨 우리 도망가요. 응! 도시로 나가 음식점 일이라도 하면 굶기야 하겠어요? 덕팔씬 당분간은 막일이라도 하고 우리 그렇게 돈을 모으면 조그만 가게 하나쯤이야 못 내겠어요? 난 시골이 싫단 말이에요."

아버지가 물려줄 논밭에 농사짓고 틈틈이 아랫골 광산에 가서 석탄 캐는 일을 하며 살겠다던 소박한 꿈을 버리고 덕팔이도 그녀의 제안에 동조하고 말았다. 그래 아무도 모르는 곳으로 일단 가자. 시간이 지나면 모두 용서하시겠지. 어쨌거나 열심히 일해서 우리가 잘 되어 돌아오면 그때는 다 이해하실 거야! 그때 고향으로 돌아와서 농토도 사고 알콩달콩 자식 낳고 살면 될 것 아냐, 이렇게 덕팔이는 생각했다.

둘은 집을 몰래 떠나 허술한 판잣집에 그들의 보금자리를 꾸몄다. 그녀는 식당에 나가고 덕팔이는 아직 일자리를 찾지 못하여 그녀가 돌아오기를 밤늦게까지 기다렸다. 식당일이라 일찍 오지는 못하였다. 그럴 때면 덕팔이는 달동네를 내려다보며 담배만 빼끔거리고 피울 뿐 무슨 소일거리 하나 없었다. 아는 사람이 있나. 더군다나 도시 생활에 익숙하지 않으니 마음만 답답했다.

가슴이 답답할 때면 구멍가게서 소주 한 병을 들고 단번에 마셔버렸다. 그러면 속이 조금 시원하였다. 한적히 있는 시간이면 시골 생각이 떠오르곤 하였다. 시골은 지금쯤 벼 베기가 한창일 것이다. 그의 눈앞에서 고향의 정겨운 정경이 스치며 지나갔다.

어쩌다가 옆집의 노동꾼하고 품팔이를 나갔으나 덕팔이는 미장일도 못하지, 목수일도 못하지 기껏 하는 일이라곤 들통으로 가파른 층계에 짐을 지고 나르는 일 아니면 건축자재를 나르는 일이었다. 그런 일이라도 늘상 있는 것은 아니요 비가 오면 비가 와서 공치고 기술이 없으니 쓰이는 곳이 없었다. 이래저래 느는 것은 술뿐이었다.

그녀의 귀가 시간은 점점 늦어졌다. 덕팔이가 그녀를 기다리는 것도 이제 지쳐버렸다. 처음에는 마누라가 늦는 날은 방청소도 해놓고 반찬거리도 사다놓고 하였으나 언제인가 쓸데없는 일을 한다고 짜증까지 낸 뒤로는 그것마저도 하지 않았다. 딸아이가 그 단칸방에서 태어날 때만 해도 가난했지만 행복한 신혼이었다. 이제 그 아이가 벌써 다섯 살이나 되었다. 딸아이는 동네 아이들하고 놀이터에서 어울리지 못하고 집에 있는 아버지만 졸졸 따라다녔다. 그럴 때마다 술에 취한 아버지는 저놈의 가시나 나가서 놀지, 지랄하고 있다고 고래고래 고함까지 질렀다.

덕팔이는 잠시 이곳에 피신하여 있다가 시골로 내려가서 결혼식도 올리고 억지로라도 양가 부모님의 허락을 얻어내려 하였으나 오늘까지 이렇게 허송세월만 보내고 말았다. 덕팔이는 이제 시골 사람도 아니고 도시 사람도 아니다. 느는 것은 술주정뿐이었다.

한번은 마누라가 저녁에 늦어서 마중할 겸 그녀가 일하는 식당 앞을 서성였다. 식당 문이 닫히자 마누라가 어떤 놈하고 다정하게 나오고 있었다. 스치는 기분이 이상했다. 따라가 보려 하였으나 그들이 차를 타고 휑하니 떠나는 바람에 그냥 멍하니 바라만 볼 수밖에 없었다. 그는 돌아오는 길에 소주 한 병을 사서 단숨에 마셔버렸으나 성이 차지 아니하여 몇 병의 소주를 날 것으로 거푸 마셨다.

이놈의 여펀네 들어오기만 해봐라, 내 그냥 박살을 내버릴 게다. 그러나 시간이 지나고 밤이 지나도 돌아오지 않자 마음속 어딘가에 지금이라도 돌아왔으면 하고 바라는 마음도 자리하고 있음을 알았다. 그 후로 그는 의처증까지 왔다. 허구한 날 술만 마시고 마누라가 들어오면 두들겨 패고 그는 서서히 폐인이 되어갔다. 그러다가도 술이 깨거나 정신이 돌아오면 고향 생각뿐이었다. 그런 덕팔이가 고향으로 돌아왔다. 딸과 함께 폐인이 되어 돌아온 것이다.

붉은 감잎이 가을바람에 우수수 내려앉는다. 저 감나무 아래서 그녀가 깔깔거리며 좋아하던 모습이 떠올랐다. 면사포도 한 번 써 보지 못한 그녀. 그녀의 그 천진스런 웃음소리만 들릴 뿐이었다.

4부 - 겨울 은하수

노신(魯迅)의 글을 읽다가

오래전에 읽었던 노신(魯迅)의 글을 오랜만에 보다가 잠이 들었다. 글이 차분히 들어오지 않아 책을 편 채로 얼굴 위에 올려놓고 지쳐 잠이 들었다.

사람이 배운다는 것이 도대체 무엇인가? 그리고 다른 이보다 많이 가졌다는 것이 무엇인가?

알 수 없는 일이다.

나는 자면서도 악몽을 꾸었다.

어떤 미친개가 달려드는 꿈이었다. 개는 포악스럽게 짖으면서 달려들었다.

"야."

"이놈."

"짖지 마라."

"나는 도둑이 아니야"

이렇게 꾸짖었다.

가만히 보니 그 개는 겉모양은 명견(名犬)이었다. 어쩌다가 명견이 사리 분별은 고사하고 저리도 포악스럽게 변했나 의아스럽기까지 했다. 겉은 멀쩡하여 명견(名犬)처럼 보이지만 무식하기가 이를 데 없는 개였다. 그래도 저 개는 일류 명견(名犬) 학교를 다니고 외국(外國)의 저명한 견(犬) 대학(大學) 출신임을 생각한다면 이상한 일이었다.

그래서 그 개에게 왜 그러느냐고 물어보았다.

그랬더니,

흥분한 듯 멍멍 짖으면서,

"나는."

"거부란 말이야."

아차!

저 개가 사리분별을 못해서 짖어대는 것이 아니구나!

씁쓸한 기분이 들었다.

나는 꿈에서 그 개와 헤어져 어느 길을 걷고 있었는데 그곳은 다름 아닌 황무지였다. 그야말로 풀 한 포기 자라지 못하여 그저 여기저기 몇 포기의 잡초뿐이었다.

꿈속에서도 왜 하필이면 황무지뿐인가? 그래도 수풀을 보고 몇 포기의 꽃이라도 보려고 여기에 오지 않았는가?

그 황무지는 아무것도 없는 불모지였다.

그러다 꿈을 깼다.

일어나 밖을 보니 계절만은 어느덧 여름 색깔을 내고 있었다.

산(山)

가을 산이 고요하니 한가롭다. 서리를 맞은 뒷산의 칡넝쿨도 회색빛을 띠고 조용히 누워 있다. 아카시아 나뭇잎도 이제는 푸른빛을 접고 역시 회색빛을 하고 있다. 억세게 달려 있던 참나무 잎은 황갈색으로 물들어 과묵한 중년의 모습으로 어느덧 가을을 맞고 있었다. 화려하지 않는 중후함이 아름드리 참나무의 가을 옷이다.

삶이 무료하거나 허전하면 산을 바라본다. 저 산을 보는 것만으로도 마음의 위로와 평화를 얻는다. 산을 보노라면 마음은 평정되어 고요함에 이른다. 이것은 아마 산이 주는 넉넉함이 아니겠는가 한다.

소등같이 밋밋한 모습에 무엇이든 다 받아줄 것 같은 편안함을 느낀다. 이런 나무 저런 나무들이 서로 어울려 꾸밈없는 모습 또한 좋다. 아름드리나무와 어린 수풀이 어우러진 산은 인간이 만든 어느 정원과 비교할 수 없다.

인간이 만든 정원은 솔깃할 수는 있으나 넉넉하고 푸근한 맛을 주지 못한다. 인간의 정원은 취할 것과 버릴 것을 지나치게 가리므로 꾸민 얼굴과 같다고나 할까.

그런데 산은 모든 수풀을 다 받아들인다. 가시가 있으면 있는 대로 색깔이 있으면 있는 대로 없으면 없는 대로 길이 있으면 있는 대로 없으면 없는 대로 산은 무엇은 되고 무엇은 아니 되는 것이 없다.

비가 오면 비를 그대로 받아들이고 눈이 오면 온통 산은 흰색의 노년처럼 그저 의연하기만 하다.

비 오는 산을 바라보기도 좋아한다. 먹물 같은 빗속에 잦아드는 먼 산은 어느덧 구름 속으로 모습을 감추디니 이윽고 까마득히 먼 하늘 속으로 모습을 감추고 만다. 그러나 비가 개고 구름이 그치면 그 의연한 모습을 그대로 드러난다.

흰 구름이 산허리를 감아 돌 때 산은 마치 도(道) 높은 풍채를 하고 그 자리에 신비로움을 가득 담고 있다.

물은 움직이나 산은 언제나 멈춰 있다. 산이 움직이지 아니함은 그 마음이 변함없음을 담고 있다. 산은 스스로 힘을 쓰지 아니한다. 물이 모여 힘을 쓰며 계곡을 성난 모습처럼 넘쳐흐를 때도 산은 묵묵할 뿐이다.

그러나 산은 물을 알고 물은 산을 알기에 산은 물을 막지 아니하고 물은 산을 돌아간다. 물도 바다에 이르면 곧 그 깊이를 더하여 조용해진다. 바다는 산들이 잠을 자며 잠긴 곳이다.

산은 바람을 막아주고 온갖 생명을 받아 길러도 그는 그가 하는 일을 모른다. 나무뿌리 밑에는 언제나 물이 있으니 산은 물을 알기에 성나 흐르더라도 잠잠해지기를 기다린다.

나는 지금 가을 산을 보고 있다. 가을 산은 이런 것들이 지나간 자국이 얼룩져 있는 곳이다. 이제 그는 그가 한 일을 모두 잊은 채 한가로이 가을 옷으로 갈아입고 고요히 가을 햇빛을 받고 있다. 마음을 둘 데 없을 때 나는 저 산을 바라보며 얼마나 위안을 받았던가!

내가 사는 낙 중의 하나는 저 산을 바라보는 것이다.

낙타

낙타는 언제나 먼 초원을 응시합니다. 무엇이 그곳에 있기에 그리도 하염없이 바라보는 걸까요?

출산을 앞둔 낙타는 초원으로 내보냅니다. 그곳에서 낙타는 온몸으로 뒹굴며 산고를 견디고 출산을 합니다. 속눈썹이 긴 낙타의 눈은 애잔하고 선합니다. 홀로 출산한 어미 낙타는 새끼 낙타의 온몸을 핥아줍니다. 어미는 아무리 멀리 떠나도 새끼가 있는 곳으로 돌아옵니다.

간혹 어미가 새끼 낙타를 거부하는 경우도 있습니다. 새끼 낙타가 젖을 물려 하면 뿌리치며 받아주지 않습니다. 아마도 이것은 출산의 스트레스 때문일 것입니다.

새끼를 거부하는 어미 낙타의 눈에는 슬픔이 젖어 있습니다. 낙타의 울음은 슬프고도 애잔합니다. 그 소리를 듣는 이는 악한 생각을 하지 못할 겁니다.

해가 질 무렵 어미 낙타를 달래주는 의식이 진행됩니다. 어미 낙타를 치료하는 의식입니다. 초원의 악사는 노래와 음악을 아픈 어미 낙타에게 들려줍니다. 애절하며 생명의 감성을 자극하는 깊은 영적 선율입니다. 그 선율이 슬프고도 애잔한 노래로 구슬피 흐르면 어미 낙타는 웁니다.

몽골 초원에 이 의식이 진행되면 누구나 겸허하고 순한 마음을 가질 겁니다. 그 음악은 인간의 영혼까지도 파고 듭니다. 그 노래는 낙타의 긴 속눈썹마냥 선하고 자애롭습니다. 그리고 애잔합니다.

악사는 어미 낙타가 새끼 낙타를 받아들이면 길을 떠납니다.

어미 낙타가 새끼를 거부할 때는 인생에 대한 낙담을 보는 듯합니다. 그러나 끝내 어미 낙타도 새끼에 대한 사랑을 저버리지는 못합니다. 그 음악을 듣고 마음을 돌립니다.

때로는 인생이 무의미하다가도 작은 사랑을 보고 마음을 돌릴 때가 있습니다. 이것은 인간 역사이기도 합니다. 실망하다가 다시 희망을 품고, 미워하다가 다시 사랑을 합니다. 그리고 낙타가 먼 지평선을 응시하듯이 바라봅니다.

낙타가 초원을 멀리 하염없이 바라봄은 자유에 대한 꿈일지도 모릅니다. 유목민도 낙타처럼 자유를 사랑합니다. 그가 기르던 낙타가 늙어 연한이 차면 모든 목줄을 풀고 초원으로 돌아가게 하여 자유를 줍니다.

늙은 낙타는 그제야 그가 그리는 초원의 저 지평선을 향하여 터벅터벅 걸어갑니다. 그리도 오랫동안 기다려왔지만 주인이 풀어준다고 급히 떠나지는 않습니다. 여느 때와 마찬가지의 느린 걸음으로 그가 살던 초원으로 돌아갑니다. 마치 수형생활을 마치고 출소하는 수형자의 모습 같아 보이기도 합니다. 그러나 그에게는 인간에 대한 원망은 없습니다.

떠나는 낙타가 멀어질 때까지 주인은 배웅을 합니다. 낙타의 자유를 제한했던 주인의 미안한 마음이 담긴 배웅입니다.

잘 가거라.
잘 가거라.
너는 이제 자유의 몸이다.
잘 가거라.
잘 가거라.
영원한 자유여 잘 가거라.
언제나 자유를 향했던 너의 눈은 애잔했지.
먼 초원의 지평선을 바라볼 때,
너의 눈은 깊고 슬펐다.
이것은 자유에 대한 갈망.

잘 가거라.

잘 가거라.

영원한 자유여

잘 가거라.

아! 4월

봄을 이야기할 때는 지상을 언급한다. 그만큼 봄은 지상의 계절이다.

봄은
포근하고 부드럽게 푸르다.
여리고 여린 포근함이다.

살아 있는 날의 영광이
지상의 아름다움에
머물러라.

나는 이 푸르고 포근한 봄의 하늘과 4월의 어린 신록을 찬미한다. 작은 꽃이 웃는 모습을 본다. 그리고 여리고 어린 손짓을 본다.

4월의 신록은 어린이와 같다. 푸른 들판을 달리고 고사리와 같은 손짓으로 까르르거리며 뛰는 작은 심장들이다. 작은 꽃의 웃음이 그러하고 여린 잎들의 얼굴이 그러하다.

봄은 마치 작은 꽃들이 여린 잎들이 뛰며 노는 운동장과 같이 부산하다. 작은 꽃과 여린 잎들이 각자 소리 내어 떠드는 소리가 들려오는 듯하다. 작은 잎들은 다투어 손을 흔들고 어린 꽃들은 환희로 웃으며 뛰며 논다. 봄의 대지는 마치 푸른 운동장처럼 손뼉 치며 달린다.

나는 어느덧 4월의 숲을 거닐고 있다. 맑은 영혼의 샘이 흐른다. 찔레 순이 돋고, 키 큰 참나무에도 새 잎이 돋아난다. 4월의 산은 하늘만큼 푸르다. 어느 잎 하나 연하고 푸르지 않는 것이 있으랴! 어느 꽃 하나 웃지 않는 꽃잎이 있으랴!

작은 음(音)은 종다리가 내고 큰 음(音)은 뻐꾸기가 내고 저 산골랑에선 산비둘기 구구거린다. 산은 지금 노래하느니 어린 잎들과 같이 노래하느니 4월의 신록은 합창한다.

홋잎을 내어 담고, 다래순을 바구니에 담는다.

산노루 비탈에서 놀고, 그늘진 계곡에서 고라니 캥캥거리는 소리 들린다.

아!

4월의 신록은

여린 얼굴이다.

어디선가 나를 부르는 소리가 들린다.

저 뻐꾸기 소리가
마음을 저미고
저 산을 바라보는
4월의
그리움에 젖는다.

어느 영마루
붉게 핀 몇 송이의 진달래가
서럽다.
4월은
작은 잎이 있기에
서러운 계절이다.
저 꽃이 웃을 때
서럽고,
어린 잎이 손을 흔들 때
그리움에 저민다.
아!
4월.

5월의 병(病)

나는 아무 걱정 없는 사람마냥 5월의 높고 높은 산을 바라봅니다. 저쪽 산기슭에서 산비둘기가 평화롭게 구구거리며 웁니다. 논에는 못자리가 거의 끝난 듯합니다.

오늘 따라 저 산이 더 평온해 보입니다.

신록은 벌써 여름을 알리는 듯, 5월입니다.

이른 봄에 심은 감자도 잘 자랍니다. 감자꽃이 무성히 필 때면 장미꽃도 따라 필 겁니다. 장미꽃이 담장에 너울져 피면 나는 아픈 사람마냥 앓습니다. 그 아픔은 매년 5월이면 찾아옵니다. 지금도 나는 누군가를 기다리고 있는 듯합니다. 그가 아직도 어디선가 부르는 듯합니다.

이래서 5월은 참 아름다운 계절입니다.

아카시아 핀 5월은 향기도 좋습니다.

연등이 평화롭게 걸려 있는 시골길에는 아카시아 꽃향기도 날립니다. 그때의 5월은 이미 어린 모들이 줄지어 서 있습니다.

5월은 뻐꾸기도 평화롭게 웁니다.

뻐꾸기가 쌍으로 울 때면 저 언덕에 오디도 익습니다.

나는 그때 오디를 딸 겁니다. 가는 길에 무논의 어린 모들도 보고 뻐꾸기 소리를 들으며 오디를 땁니다.

5월은 먼 길을 가게 합니다.

나는 집을 나와 어쩌면 문 앞에서 서성일지도 모릅니다. 이때의 서성임은 갈 데가 없어 그런 것이 아니라 어디로 가면 좋을지 생각 중이기 때문입니다.

어떤 때는 조금 멀리 갈 때도 있습니다. 갈 데를 꼭 정해 놓고 가지 않습니다. 언젠가 진천의 한 마을을 간 적이 있습니다. 완행버스를 타고 아무 곳이나 마음이 내키는 곳으로 갔더니 진천이었습니다.

시골길을 걸어 걸어갑니다. 뻐꾸기 소리도 듣고 산들도 보고 나무도 보고 수풀도 봅니다.

언젠가 그곳 산골에서 본 아이들이 생각납니다. 엄마는 밭으로 나가고 담도 울도 없는 마당에서 놀던 아이들이 배꼽을 다 내놓고 낯선 나를 바라보던 그 순전한 눈을 잊지 못합니다. 벌써 수십 년 전의 일입니다.

지금 그 동네를 다시 찾아가라 해도 찾지를 못합니다. 이제는 막연히 머릿속에만 있는 고향 같은 풍경입니다. 지금은 그 아이들도 다 자라 어른이 됐을 겁니다. 그런 생각을 하면 왠지 쓸쓸합니다.

찔레꽃이 피고 감꽃이 마당 가득 지고 할 때면 더 그런 마음이 듭니다. 아직도 나는 청춘과 작별을 하지 못했나 봅니다.

도회지로 나와 장미가 담장에 흐드러지게 피면 또 그런 마음이 듭니다. 이것은 5월이면 앓는 병입니다.

이런 병은 많이 앓아도 괜찮다는 것을 압니다. 어쩌면 이 병을 앓고 싶어 장미 피는 5월을 기다리고 있는지도 모릅니다.

나는 이 생각 저 생각을 하면서 아무 할 일 없는 사람마냥 길을 걷습니다.

이제 곧 장미도,

찔레꽃도,

감꽃도 마당 가득 질 겁니다. 감꽃은 지상에 떨어진 별 같습니다. 그때 나는 5월의 병을 또 앓을 겁니다.

졸다가

들여다보고 있으면 온갖 잡념이 사라지는 것이 있다. 어제는 시내버스 안에서 졸다가 내가 내려야 할 곳을 지나치고 말았다. 그렇게 졸 때는 자고 있으면서도 머리는 생시처럼 어떤 현실을 직면한 듯 느껴진다.

그것은 일종의 꿈인지도 모른다. 그 꿈은 어떤 면에서는 감미롭게 느껴진다. 눈을 떴을 땐 무슨 내용인지 잘 생각나지 않으면서 생시 같다.

깜박 존 것 같은데 꽤 멀리 벗어나 있었다.

내가 졸았구나!

눈을 떠 주위를 살펴보니 어느 지점이었다. 밖에는 젊은이들로 붐볐다. 이곳은 늘 젊은이들로 붐빈다. 저녁인데도 봄바람의 생기가 젊은 청춘들 사이에 있었다.

왔던 길로 그냥 되돌아갈까 하다가, 여기까지 왔으니 거기나 한 번 들러보자. 나는 채 졸음기가 가시지 않은 얼굴로 거리로 들어섰다. 그럼에도 거리의 붐비는 청춘은 봄같이 싱그러웠다.

지나 놓고 보면 지난 세월이 부러울 때가 있다. 또 세월이 흐르면 지금이 그렇게 느껴지겠지?

나는 늘 드나들던 책방 안으로 그런 생각을 하며 들어갔다. 문은 마치 사람이 기다렸다 열어주는 것마냥 스르르 저절로 열렸다. 새로 들어온 책부터 보기 시작했다.

나는 일종의 설렘을 느낀다. 오늘은 근사한 책을 만날 것 같은 기분이 들어서다. 기분이 가라앉거나 비 오는 날 어디 마땅히 갈 곳이 없으면 이곳에 들르는 이유도 그 설렘 때문인지도 모른다. 오늘 그냥 되돌아가지 않고 발길을 다시 묶은 것도 어쩌면 순간 나의 그런 기분이었는지도 모른다.

어쩌면 책들도 이렇게 많지!

그럼에도 여기 올 때마다 느끼는 것이지만 내가 반기며 주워든 책이 드물다는 생각을 하니 근사한 책을 만나는 것도 어려운 일이구나 싶었다.

글은 예전 선생님들이 참 잘 쓰는데! 은은하면서도 깊이가 있었어!

이런저런 생각을 하며 어지간하면 여기까지 왔으니 골라 보자 했다.

한 청춘 남녀가 내 뒤를 따르며 책을 고르고 있었다. 얼핏 보아도 잘 어울리는 한 쌍이었다. 나는 그들을 보며 마치 좋은 책을 골라 든 것 같은 좋은 기분이 들었다. 두

남녀가 다정히 손잡고 책을 고르며 의견을 속삭이는 모습은 영화의 한 장면 같았다. 만남의 장소로 이곳을 택하였다고 생각하니 그들의 모습을 더욱 아껴주고 싶은 생각까지 들었다.

나는 책 한 권을 고르려 하였으나 빈손으로 그곳을 나오고 말았다. 그리고 아까 그 책방에서 본 그들의 영상이 한참이나 머물렀다.

"사람은 누구나 다 무거운 짐을 지고 가는 거란다."

이거 하나만 알아도 서로가 더 잘 사랑할 수 있을지도 몰라. 나는 들리지도 않는 말을 혼자 하고 있었다. 그들의 사랑이 오래갔으면.

돌아오는 버스 안은 퇴근 인파로 붐비고 있었다.

누구나 다 집이 있지. 그러니까 집으로 돌아가는 것이 아니겠어. 어쩌면 그 집은 내 뜻대로 하려고만 한다면 흘러내리는지도 모르지. 서로의 짐이 무거울까봐 언제나 살피는 것이, 돌아가고 싶은 집으로 만드는 것인지도 모른다.

들여다보고 있으면 다 잊히는 것이 있다. 그때는 무거운 짐이 잠시나마 내려지는 순간이다.

누구에게나 그런 순간이 있다.

내가 그린 그림

모든 색이 무채색처럼 보이는 계절이 겨울이다. 겨울 나목, 갈색의 숲, 비어 있는 갈색 들판, 검은 산. 이런 것들은 별다른 색이 없어서 무거운 침묵이 흐르는 것만 같은 계절이 겨울인지도 모른다.

아무런 변화를 일으킬 수 없을 것 같은 무채색이다. 그러나 봄, 여름, 가을 어느 계절에 뒤지지 않고 반전을 일으킬 수 있는 계절이 또한 겨울이기도 하다. 온통 무채색만이 뒤덮인 세계에 일시에 흰 백색의 장관을 연출하는, 반전의 색을 내는 계절이 겨울인 것이다.

어느 계절도 이렇게 순식간에 변화를 줄 수는 없다. 겨울은 좀처럼 낭만이라고는 없을 것 같은 무채색 세상에 그 흰 눈을 내림으로 어느 계절에 버금가는 낭만적 정서를 준다.

누구나 어떤 그림을 그리며 살고 있는지도 모른다. 하루에도, 하룻밤에도 수십 장의 그림을 그린다.

대부분이 무채색을 유채색으로 그리는 작업이다. 어떤 때는 큰 붓으로 어떤 때는 세필로 정성을 들여 그려내지만 좀처럼 무채색이 유채색으로 되지 않는다.

그림을 그리다 그리다 그만 한 장의 그림도 제대로 그리지 못하고 마는 경우도 있다. 지나고 보면 어떤 그림은 큰 붓으로 그려야 할 부분을 세필로 그리는 경우가 있는가 하면 구도도 잡지 않고 어느 부분만 그리는 경우도 있다. 완성된 것 같은 그림마저도 휴지 조각이 되는 경우도 있다. 그리려 해도 그림의 재료가 부실하여 멋진 구도를 잡고서도 실천에 옮길 수 없는 그림도 있다.

부실한 물감으로는 아무리 채색해도 제 색깔이 나지 아니하고 마음속에 예술혼은 타오르나 그것이 무엇인지 잡힐 듯 잡힐 듯하면서도 영감이 떠오르지 않는 괴로움도 있다.

예술적 고뇌와 갈등이 없는 예술가는 없다. 그 고뇌와 갈등의 산물로 채색된 작품이라 하더라도 창작자의 마음을 채울 수 없어 다시 괴로움에 빠지기도 한다.

어떤 때는 술,

어떤 때는 방랑,

마치 폐인처럼 피폐해가는 듯 보일지 모르나 그에게는 그림의 정신적 완성도를 높이는 과정인 것이다. 인생의 그림도 이와 유사한 과정을 거치게 되는 게 아닌가 한다.

이제 내가 그린 그림을 내놓을 때가 되어가고 있다.

그러나 그림다운 그림은 없는 듯하다.

나는 밀레의 그림을 생각해본다.

사랑, 미움, 갈등. 이런 것들이 하루 중에도 파도치며 지나는 경우가 있다.

탈 없이 하루해를 마치고 나면 그래도 오늘 하루 아무 일 없이 잘 마쳤으니 다행이다 이런 생각이 들 때가 있다. 이럴 때는 무슨 감사의 기도를 드리는 것 같다.

밀레 그림처럼 무엇을 기도드리는 심정일 때가 있다. 밀레의 그림은 해가 지는 대지의 평온함처럼 그 무엇에 대한 감사이다.

하루의 황혼은 어쩌면 인생을 대변하는지도 모른다.

광활한 대지는 영원함을 간직하고 있으면서 그 황혼에 조용히 하루를 마감하고 있는 것이다.

친구

그날 친구는 학교에 오지 않았다. 한 번도 그런 일은 없었다. 그는 언제나 조용한 미소에 평화스런 얼굴이었다. 조금은 소심했으나 나와는 친하게 되었다. 언젠가 그의 자취방에 들른 적이 있는데 그의 어머니가 와 계셨다.

어머니는 내가 친구라는 것을 알고 찐 옥수수를 건너면서 우리 아들을 좀 봐달라 했다. 촌에서 와서 이곳 도시를 잘 모른다고 하면서……. 나는 어머니에게 나도 고향이 시골이라고 했다.

친구 엄마는 우리 엄마같이 볶음머리였다. 시골 엄마의 머리는 전부 볶음머리라 비슷비슷해 보였다. 친구 어머니라 그런지 우리 엄마처럼 친근했다.

나는 학교를 파하고 친구 자취방에 들렀다. 오늘 그 친구가 왜 결석을 했는지 궁금했기 때문이다. 친하게 지내던 친구가 결석을 하고 보니 그 빈자리가 허전했다.

골목길을 돌아 판잣집 비슷한 그의 자취방에 들렀으나 낡은 자물쇠로 잠겨 있고 아무런 인적도 없었다. 나는 그래도 덜렁거리는 그의 자취방 문을 한번 흔들어 보았다.

다음날도 그는 보이지 않았다.

이럴 줄 알았으면 그의 시골 연락처라도 알아둘 걸 하고 후회했다. 내가 외로울 때는 그의 자취방에서 놀다 오기도 했고 그가 나의 자취방에 놀러 오기도 했다. 우리는 라면을 끓여 먹기도 했고 눈 오는 겨울밤엔 호떡을 사다 나누어 먹기도 했다. 그도 촌놈 나도 촌놈이라 객지에서의 외로움을 그렇게 달랬다.

다음 날에도 그는 학교에 나오지 않았다

나는 체육시간에 공차기를 하면서도 내내 그 친구 생각뿐이었다. 나는 그날 하늘을 보았다. 흰 구름 몇 조각이 드넓은 하늘 위로 흘러가고 있었다. 한 사람의 친한 친구가 있다 없는 게 그리 허전하고 이렇게 외로운지 몰랐다.

학교가 끝나면 우리는 서로 약속이나 한 것처럼 같이 자취방으로 왔다. 여름 방학 때는 어부동으로 놀러가서 강물에서 그 친구와 놀다 오기도 했다. 그때 그의 고향 친구라면서 어떤 여학생도 몇 명 데리고 왔는데 수영할 줄 모르는 그 여학생에게 수영도 가르쳐 주면서 재미있게 놀다 왔다. 그 물놀이장에서 수영복을 입은 여자의 모습을 처음 보았다. 그 후 그때 사귄 여학생과 편지를 주고받기도 했다.

나는 그의 고향에도 한 번 가보고 싶었으나 그런 기회

가 없어 미루다가 가보지 못했다. 그런 친구가 어떤 예고도 눈치도 없이 학교에 나오지 않았다.

다음 날 학교에 오자마자 나는 친구의 자리부터 보았다. 오늘도 나무의자만 빈자리로 있었다. 다시 학교가 끝나고 그의 자취방을 또 찾았으나 허술한 나무 대문만이 닫혀 있었다.

그의 소식을 아는 친구는 아무도 없었다.

다음날 선생님이 종례시간에 교탁 위에 서 계셨는데 몹시도 침통한 얼굴이셨다. 교탁에 오르기 전 창문 밖을 한동안 바라보고 계셨는데 선생님은 무슨 생각인가 하고 계신 듯했다.

선생님이 그날따라 무겁게 입을 여셨다.

“오늘 우리 반 누구의 집에서 떡을 나누어 먹는다고 합니다. 시간이 되는 친구들은 나를 따라오기 바랍니다.”

뜻밖에도 내 친구의 말씀을 하고 계셨다.

나는 선생님을 따라 그 친구와 늘 같이 걸었던 골목길을 지나 그의 집에 도착했다. 볶음머리의 어머니가 초췌한 모습으로 애써 웃으며 우리를 맞았다.

어두컴컴한 친구의 자취방 방바닥에는 흰 창호지를 깔고 그 위에 형형색색의 온갖 떡이 일회용 흰 접시에 놓여 있었다. 우리는 그 떡을 영문도 모르고 먹고는 헤어졌다.

나는 그 친구에게 그간의 사정을 들어보려 했으나 친구는 조용한 미소만 지을 뿐 아무 말이 없었다.

며칠 후 선생님이 침통한 표정으로 그날 떡 얘기를 하셨다. 그제야 나는 왜 그 친구가 결석을 그간 하게 되었는지, 친구 엄마가 왜 형형 색깔의 떡을 해 가지고 그의 아들의 자취방에 가져와 우리를 초대했는지를 알았다.

그가 간 지도 벌써 수십 년이 지났다.

발소리

복도를 걸을 때 늘 듣는 발소리를 들으면 대강 뒤에 오는 이가 누군지 알 수 있다. 자세히 들어보면 사람마다 특유의 걸음 소리가 있다. 그 중에서도 또박거리는 구두의 굽 소리는 더욱 드러난다.

보폭의 속도, 소리의 강약, 둔탁하고 가벼움, 토닥거림의 차이, 경쾌함……. 사람의 걸음걸이에도 일종의 고유 리듬 같은 것이 존재한다.

같은 사람의 발소리에도 그의 기분이 반영된다.

기분이 흐린 때는 소리의 리듬도 흐리다. 기분이 좋을 땐 그 소리도 경쾌하다. 젊음과 장년의 소리도 다르다.

어린 아이의 뛰는 소리는 가볍다. 그 가벼움엔 천진함이 있다.

소녀의 뛰는 소리는 경쾌함이 있다. 그 소리는 발랄함이다.

청년의 뛰는 소리는 쿵쿵거림의 힘이 있다. 거칠 것이 없는 소리다. 느리고 급함의 소리도 거기에 담긴다. 초조, 불안, 조심, 신중, 실망과 같은 것도 담긴다.

구두 굽의 소리는 대체로 뚜걱거리는데 이것이 힘 있게 느껴지기도 하나 듣기에 따라서는 거만하고 위압적으로 들리기도 한다. 그래도 군홧발 소리에 비해 구두 소리는 신사의 가벼운 경쾌함이 있는 뚜걱임이다.

그에 비하면 실내화의 소리에는 예절과 얌전함이 있다. 실내 슬리퍼 소리는 온순하게 들린다.

그런데 그것에도 각 특징이 있다. 찍찍 끄는 소리, 뒷부분이 바닥을 탁탁 치는 듯이 들리는 소리, 탁 치면서 끄는 소리 이런 것들이다.

그 소리에는 나이와 기분까지도 반영된다.

나의 슬리퍼는 늙은 노신(老臣)과 같다. 내가 가자 하면 언제나 말없이 동행한다. 그 노신은 실내에만 있다. 내가 밖에 나갈 때나 식사하러 갈 때는 그를 남겨두고 간다. 그를 만난 지가 이십여 년이 족히 넘는다. 그때 신발 끈이 얼마 쓰지 않았는데도 자꾸 떨어져 슬리퍼 중에 제일 튼튼한 것을 사 보리라 하고 어느 유명 신발가게에 들러 제일 좋은 슬리퍼를 샀다. 이것이 내가 지금까지 신고 있는 실내 슬리퍼다.

그 슬리퍼 말고 지압 슬리퍼도 있었는데 이리저리 다른 부서로의 이사하는 통에 잃어버리고 이 슬리퍼만 나와 함께 지금까지 있다. 나의 오래된 이 슬리퍼는 어느 때 어느 장소에 가도 언제나 조용히 나를 따랐다. 나의 슬리퍼에도 오랜 세월에 걸쳐 나의 걸음걸이에 따른 여러 기분들이 반영되었을 것이다.

나의 슬리퍼를 노신(老臣) 즉, 늙은 신하(臣下)라 한 것은 나의 희로애락(喜怒哀樂)의 감정을 실로 오랜 세월동안 묵묵히 받쳐 들고 왔기 때문이다.

비록 실내에서만 신는 신이라 할지라도 어떤 땐 믿음(信)으로, 어떤 땐 몸(身)으로, 어떠한 때에는 신(臣)으로 살아왔다.

슬리퍼 끈이 너덜거려 얼마 전에 수선을 하였다. 발굽은 닳아 바닥은 늙어 노쇠했다. 노신(老臣)의 수명도 이제 얼마 남지 않았다.

시(詩)와 수필(隨筆)

칠흑(漆黑)같이 검은 밤 호롱불 아래 있다가 방문을 열고 나오면 아무것도 보이지 않았다. 창호지 안과 밖은 전혀 다른 세상이다. 호롱불을 끄고 나면 같은 어둠이 된다. 불을 끄고 자리에 누우면 밖에서 들리는 건 소리뿐이다. 밤은 청각의 공간이다.

청각은 시각이 차단된 공간에서 새로운 빛처럼 뚜렷하고 선명하다. 봄밤에 봄비 내리는 소리, 가을밤 숲에서 들려오는 귀뚜라미 소리, 겨울밤 눈보라 소리와 문풍지 떨리는 소리, 여름밤에 들창 넘어 들려오는 비바람 소리는 밤이 깊을수록 더욱 선명하게 들린다.

달밤에 들리는 소리와 그믐밤에 들리는 소리는 서로 다른 정서를 가져 오기도 한다. 조요한 달빛 아래 들려오는 소리의 시적(詩的) 고요함이 인간(人間)을 어떤 감성의 세계로 이끌기도 한다. 봄비 소리와 가을밤의 귀뚜라미 소리와 같이 이런 밤은 고요한 심연의 바다다. 이것은 시적 정서(詩的情緒)다.

시(詩)는 마음의 노래다. 그것이 그리움이든 외로움이

든 슬픔이든 아픔이든 이것은 마음의 노래인 것이다.

달밤의 정서에는 어떤 쓸쓸함이 깔려 있다. 그것은 드러나지 않은 외로움일 수도 있고 그리움일 수도 있다. 알 수 없는 슬픔이고 아픔일 수 있다.

시인(詩人)은 이런 정서(情緖)를 사랑한다. 고갈되지 않는 끝없는 그리움이 시인의 양식(糧食)이다. 시인은 이런 달밤 같은 외로움의 슬픔을 지니고 있다. 그리움이 없는 시인은 시인이 아닐지도 모른다. 아픔이 없는 시인은 시인이 아닐지도 모른다. 시인은 끝없이 그것을 찾아나선다.

그의 노래가 시(詩)다. 그믐밤의 소리는 시인의 소리와 조금 다르다. 외로움도 그리움도 아픔도 슬픔도 고독도 그 밤은 어떤 사색(思索)이 있다. 그의 내면에는 어떤 철학적 고뇌가 있다.

그는 인생의 경험과 바닥으로 걸어온 발자취 같은 흔적을 더듬는다. 그가 가는 길은 어두운 길일지도 모른다. 그러나 그 어둠은 그냥 어둠이 아니라 마음을 탐구하는 빛을 향한 어둠이다.

만약 그가 어느 봄밤에 수천수만의 개구리 소리를 듣고 있다면, 그 개구리들도 사랑과 질투, 행복과 아픔, 그리고 어떤 희망을 노래하고 있을 것이라고 생각할지도 모른다. 그리고 어떤 아픔을 잊으려는 무념(無念), 무아(無我),

무상(無相)의 소리로 들을지도 모른다.

수필(隨筆)은 그런 것이다. 수필 속에는 그의 인생(人生)과 철학(哲學)이 담겨 있다. 깊은 밤 고요히 들리는 봄비 소리도, 겨울 문풍지 소리도, 가을 귀뚜라미 소리에도 그의 발자취가 스미고 그의 인생이 녹아 있다.

시(詩)에는 애정을 갈구하는 외로움이 있다. 그가 그런 표현과는 아무런 상관이 없어 보이는 자연을 노래하고 인생을 노래한다 하여도 그의 시적 감흥 심저에는 사랑에 대한 그리움이 있는지도 모른다.

수필(隨筆)의 심저에는 흔적을 남기려는 인간의 욕망이 있다. 이것이 수필이 사색과 철학을 내포하는 이유일지 모른다. 수필은 그 사람이 살아온 흔적이고 마음의 사색이다.

시와 같이 수필에도 어떤 외로움이 있다. 그것이 수필 속에서 구름 사이로 언뜻 보이는 파란 하늘과 같이 보였다 묻혔다 한다. 이런 면에서는 시도 수필도 끝없이 애정을 찾아나서는 갈구의 표현인지도 모른다. 그 심부에는 어떤 외로움이 내재되어 있다.

비둘기는 수백, 수천 리 밖에서도 그가 살던 곳으로 날아 회귀(回歸)한다. 그의 짝이 그곳에 있기 때문일지도 모른다. 어쩌면 시도 수필도 그런 것은 아닐까? 모든 예술이 어떤 사랑에 대한 갈구의 승화적 과정인지도 모른다. 시와 수필의 심저에 있는 어떤 알 수 없는 외로움이 그것이다.

생각 여행

삶이 무료하다가도 어떤 때는 차분히 들뜰 때가 있다. 그렇다고 무슨 계획이나 어떤 근사한 생각이 있는 것도 아니다. 그저 막연한 기대감이라고나 할까. 가보지 않은 길을 설레는 마음으로 떠나는 것과 같은 기분이다. 나는 이런 기분을 사랑한다.

어떤 때는 실제의 길을 떠나지 않으면서 생각으로 여행을 하는 경우가 있다. 생각 속으로 여행을 떠나는 것이다. 누구를 만나는 것도, 어디를 가는 것도 마찬가지다. 이것을 나는 생각 여행이라 하고 싶다. 때로는 길을 가면서도 생각 여행에 잠기는 경우가 있다. 이런 여행은 시간도 공간도 초월할 수 있으며 적당한 상상력까지 동원될 수 있다. 어느 시대 어느 인물과도 대화할 수 있고 자유롭게 즐길 수 있을 뿐 아니라 그 시대 사람들의 생활과 풍속도 상상으로 볼 수 있다. 물론 이것엔 실제 여행의 경험이 반영되고, 어떤 이야기나 책을 통한 간접경험과 상상력이 동원된 것이다.

생각 여행은 어떤 번거로움이나 장애도 없다. 만약 이

것을 펼쳐놓으면 한 편의 영화가 될 수도 있다. 이런 점에서 생각 여행은 하나의 영상처럼 아름답다. 이국의 땅을 갈 수도 있고 언제든 코스모스가 하늘거리는 가을 길을 나그네처럼 걸을 수도 있다.

때로는 언어가 번거로울 때가 있다. 그런데 모르는 사람과는 언어의 번거로움이 없다. 일상의 언어가 사람을 힘들게 하는 경우도 있다. 여행이란 산천을 보고 사람을 보는 것이다. 아무리 선경을 빼다놓은 절경이라도 인적 없는 빈 산이라면 공허한 외로움만 느낄지도 모른다. 낯모르는 이와 함께 있으면서도 나 혼자일 때 여행의 참맛을 느끼며, 자기성찰을 하게 된다. 사람과 같이하는 외로운 길에서 자성(自省)이 이루어진다.

어쩌면 한적한 길이란 인적이 없는 그런 길이 아니라 서로 알지 못하는 사람 사이에서 번거로움이 없는 자유로운 길을 뜻한다. 많은 사람이 있어도 간섭 없이 나의 생각에 잠겨 혼자 있는 이것이 여행의 참맛이다. 나는 지금 생각 여행을 하고 있는 중이다.

마히강변은 언제나 유유하다. 보드라운 강바람이 얼굴을 스치운다. 저녁의 검붉은 노을이 끝이 보이지 않는 듯한 강물에 여울져 있다. 나는 그 강가를 천천히 걸으며 지나온 길을 더듬어 회상해보며 걷는 중이다. 강가의 움막에서 소젖 짜는 다니야가 보인다. 그가 치는 소도 우리에 다 들었다. 움막의 지붕도 말끔하게 다듬었다. 지난 일들이 스치며 지나갔다. 나는 지금 마히강변에서 지는 해를 바라보고 있다. 갈대숲이 강바람에 일렁인다.

생각 여행을 하면 들길을 가면서 벼가 자라는 모습을 보기도 하고, 들깨 밭을 보기도 한다. 가을 숲이 다가오는 모습을 영상처럼 볼 때도 있다. 나는 이런 소소한 길을 따라가보지 못한 길에 대한 향수 같은 그리움을 느끼기도 한다.

나는 생각 여행에서 알지 못할 누군가를 찾아 나서기도 한다. 사람은 미지의 세계에 대한 그리움을 갖고 있어서 누군가 나를 기다리고 있는 듯한 착각에 빠진다. 여행이란 그리움을 찾아 나서는 것이다. 그곳에서 그리워하는 그 사람을 찾는다.

그리고 그 여행길에서 이런저런 생각을 하곤 한다.

성황당

어쩔 수 없이 어두운 밤길을 지날 때면 나는 머리끝이 솟고 누군가가 뒤에서 잡아당기는 소름끼치는 느낌을 경험했다. 동네서 누가 죽기라도 하면 더욱 무섭고 두려웠는데 그런 날 후미진 성황당은 최고봉이다.

그런 성황당에서 여자의 울음소리가 들린다는 소문이 온 동네에 퍼졌고 어둠 속에서 흰 소복을 한 여자귀신을 보았다는 소문도 같이 돌았다. 뒷간은 언제나 으슥하고 뒤꼍에 떨어져 있어 더욱 무서웠는데 그런 소리를 듣고부터는 뒷간 가기가 더 무서워졌다.

그 울음소리의 실체를 아무도 확인하려 들지 않았으며 슬프게 흐느끼는 소리의 내막을 들으려고도 하지 않았다. 그곳이 성황당이라 어떤 화를 당할지도 모른다는 두려움을 갖고 있는 듯했으며 가까이 가기를 꺼렸다.

어느 마을이든 성황당은 마을 사람들이 지나기를 꺼려하는 곳이다. 해가 지거나 비가 오는 음산한 날은 더욱 그러하였다. 곳집하고 공동묘지도 마찬가지다.

상주에서 시집온 화서댁이 있었는데 가난한 신접살림

을 하다 그 남편은 병으로 죽고 말았다. 남편도 없이 청상과부가 된 그녀는 아들 하나만 믿고 살던 터였다. 그녀는 처음에는 가끔 가다 한숨을 쉬는 정도이더니 시들거리고 아프기 시작했다.

보통 아프면 앓는 소리를 하는 게 일반적이나 그런 소리는 없었다. 온몸이 아픈 듯 그녀의 머리는 헝클어진 채 풀어져 누가 봐도 병자 같았다. 간혹 우리 만덕이, 우리 만덕이 하고 부를 뿐 아프고 나서부터는 말수도 급격하게 줄었다. 또 긴 한숨만 쉬었다.

"우리 만덕이 어디 있나, 불쌍한 우리 만덕이."

"만덕아 엄마랑 같이 살자."

"우리 아들 춥지, 우리 만덕이 배고프지?"

"아가 미안하다 엄마가 잘못했어 잘못했다."

"엄마랑 같이 살자."

라고 중얼거리면서 성황님께 기도를 올렸다.

그녀의 기도는 죽은 아들을 부르는 것과 아들과 같이 살고 싶다는 내용뿐이었다.

동네에서는 처음에는 그녀가 미쳤다 하다가 재 넘어 신어머니라고 하는 무당을 찾아다닌 후 신이 들렸다고 소문이 났다.

그리고 얼마 지나 그녀가 그 신 어머니로부터 신(神)을 받는 날이었다. 그녀는 목욕재계하고 머리를 곱게 빗고 넓은 가사(袈裟) 저고리를 입고 오색 띠를 둘렀다. 이러한 치장은 신 어머니가 친딸을 시집보내듯이 그렇게 입히고 꾸며주는 것이라 했다.

꽹과리 소리와 방울 소리가 요란하게 울리고 신 어머니의 주문이 시작되었다. 방울을 받아든 그녀는 얌전했던 모습과 달리 미친 듯이 방울을 들고 뛰기 시작했다. 그리고 한 번도 들어보지 못했던 주문이 그녀의 입에서 쏟아지기 시작했다. 그는 뛰면서 울기도 했고 웃기도 했다.

"아기동자 오신다. 길 비켜라. 아기동자 오신다. 길 비켜라."

"성황님의 도움으로 어이-."

"칠성님의 복을 받아 아기동자 오신다. 길 비켜라. 길 비켜라."

그녀가 방울을 들고 길길이 뛰면서 보고 싶었던 아들과 회우한 듯 두 눈에서 눈물노 끊임없이 흘러내렸다. 흰색 장삼이 촛불에 너울거렸다. 그녀는 돌아온 아들을 우리 선생님이라 불렀다. 성황당에서 엄마하고 같이 살자던 그녀의 소원이 이루어졌다. 아들이 신이 되어 돌아온 것이다. 그녀의 신당은 선생님이라 불리는 아들의 집이고 방이었고, 이제 그녀는 아들과 함께 사는 행복한 어머니가 되었다. 그녀는 묘한 휘파람 소리를 내며 아들인 신(神)을 불렀다.

•

풀벌레 소리

풀벌레 소리가 밤이면 가늘게 숲에서 들린다. 창 너머로 들리는 숲속의 음악은 잡초 사이에서 들린다. 잡초를 뽑다 보면 담 밑에서 귀뚜라미가 튀어나온다. 어젯밤에 내가 귀 기울여 듣던 음악의 연주자는 담 밑의 귀뚜라미다.

우리 집 방에도 귀뚜라미가 있었다. 가구 밑에서 귀뚜라미가 나오는 경우가 있다. 나는 그들이 불러주는 가을밤의 음악을 좋아한다. 풀벌레 소리와 함께 협주가 이어지면 그 밤이 새도록 그칠 줄을 몰랐다.

돌담 사이에서도 울고 잡초 사이에서도 운다. 어디서 들리나 살펴보아도 그 소리의 섬세함만큼이나 흔적이 없다. 돌담이 그들의 집이고 수풀이 그들의 놀이터다. 책상 뒤에 있던 귀뚜라미는 가을 밤 잠 못 이루는 이의 위문자다.

귀뚜라미 소리는 시골 소년의 꿈 많던 어린 시절로 돌아가게 만들기도 한다. 소년은 들판을 헤매며 다녔다. 잡초가 무성한 수풀 사이에서 들려오는 그 소리를 소년도 들었다. 어머니와 외가에서 자던 그날 밤도 귀뚜라미는 문밖에서 그렇게 울었다. 집을 떠난 소년에게 그 소리는 묘한 감정으로 더욱 선명하게 들렸다. 그 후 소년은 풀벌레 소리를 더욱 좋아하게 되었다.

달이 휘영청 밝은 밤이면 나뭇가지가 창호지에 걸려 그림자 드리운 밤에 들리는 풀벌레 소리는 알지 못할 고요의 세계로 이끌었다. 잡초와 달밤과 풀벌레 소리는 자연의 조화다. 돌담 밑 잡초 속에서 나는 귀뚜라미 소리와 풀벌레 소리는 그날 밤 달빛의 가냘픈 음악이 되었다.

그 소리는 명상(瞑想)의 소리다. 사람의 마음을 무여(無餘)의 공간(空間)으로 인도하는 소리다. 우주의 한 음(音)이 한곳에 모여 점점이 흩어지는 우주(宇宙)의 소리다. 그들의 집은 수풀이다. 그들의 등(燈)은 달빛이다.

우주의 소리를 들려주는 숲속의 악사들은 여름밤에 왔다 가을이면 떠난다. 그래서 우주의 음악이다. 우주의 법칙은 왔다가 떠나는 것이다. 그들은 비소유(非所有)다. 물, 바람 누구나 가질 수 있는 비소유다. 그렇기에 청정한 우주의 소리가 나온다. 자연의 소리는 우주의 소리다. 그 소리를 간직한 귀뚜라미 소리가 이 계절을 지나고 있다. 집을 떠난 이에게 고향의 소리를 들려주고 잠 못 이루는 이는 고요한 공간으로 초대한다.

나는 그들의 소리를 들으며 명상한다. 고요히 눈을 감고 숲에서 들리는 그들의 소리를 들으며 우주의 공간을 경험한다. 이제는 아무 소리도 들리지 않는다. 자연의 소리는 적멸(寂滅)이다. 아무것도 남은 게 없는 무여(無餘)의 소리다. 나는 어느 수도승처럼 이렇게 가을밤을 듣고 있다.

가을 태풍이 몰아치면 그 소리도 멈춘다. 비 오는 날에도 그 소리는 멈춘다. 나는 나뭇가지가 바람에 흔들리는 소리를 창호지 너머로 들었다. 그리고 비 오는 소리가 났다. 태풍이 불어 감나무 가지가 세차게 흔들리는 밤에 비도 억수같이 쏟아져내렸다. 귀뚜라미 소리와 풀벌레 소리는 자리를 이 소리에 내어준다. 자연의 소리는 한 소리가 나면 다른 소리가 자리를 양보한다.

이 가을이 가면 또 다른 소리가 올 것이다. 이 밤의 소리는 귀뚜라미, 풀벌레 소리다. 여름부터 들리던 숲속의 소리가 밤마다 찾아왔다. 나는 그 소리를 들으며 여름밤에서 가을밤으로 가고 있다.

그런데 그 소리들은 내가 들으면 들리고 내가 듣지 않으면 들리지 않는다. 사실은 숲의 소리는 밤에만 들리는 소리는 아니다. 고요한 숲길을 내가 걸었을 때 밤에 나는 그 풀벌레 소리가 낮에도 다름없이 나고 있었다. 다만 내가 듣고 있지 못했을 뿐이다. 나는 이 밤에 풀벌레 소리를 들으며 무여(無餘)의 세계를 더듬는다.

그리고 고요의 세계에 든다. 이제 그들과 나는 하나이다. 모두는 자연 속의 하나이다. 우주 속의 하나이다.

모습(肖像)

우리 집 소의 숨소리가 "피휴-." 하며 들렸다. 그 소리는 매우 깊고 무거웠다.

그 숨소리 뒤에는 아무 소리도 없었다. 그리고 또 얼마를 있다가 "피휴-." 하며 들려왔다. 그날 밤 아버지의 고단한 숨소리도 들렸다.

나는 왠지 깊은 소의 숨소리가 아버지의 숨소리처럼 들려왔다. 아버지의 숨소리도 소의 숨소리와 같을 때도 있다.

우리 집 소는 비 오는 날이면 마구간에 누워서 되새김질을 하며 무엇을 회상하듯 지그시 눈을 감고 있었다. 수없이 갈던 논을 생각하기도 하고 철없던 어린 날을 회상하며 엄마 따라 어느 풀밭을 뛰며 놀던 날들을 생각을 하고 있는지도 모른다.

그는 눈물을 흘릴 때도 있다. 아마도 이때는 헤어진 엄마를 회상하고 있는 듯하다. 그 후로 그는 얼마나 많은 짐을 지고 논을 갈았는지 모른다.

이제 우리 소도 가을을 지나 겨울이 오면 포근한 긴 휴식에 들어갈 것이다. 그땐 짐을 끌던 멍에도 수레도 헛간에 내려져 있을 것이다. 많은 눈이 내리면 우리 집 소는 지그시 감은 눈으로 긴 사색에 든다.

우리 집 소는 고단하면 밤에 깊은 숨을 내쉬었다. 종일 논을 갈고 나면 그런 숨을 쉬었다. 그는 힘든 밤이면 저렇게 깊고 긴 숨을 "피휴-." 하며 내쉬었다.

우리 집 소의 목에는 멍에 자국이 있었다. 아픈 근육이 뭉쳐 옹이처럼 박혀있다. 그것은 그의 고단한 삶의 자국이다.

저 언덕에 달구지 가는 모습이 보였다. 그 달구지에 통나무가 가득 실려 있었다. 소는 저 고개를 넘어야 했다. 고개가 시작되는 곳부터 마부는 긴장한 듯 소를 독려하기 시작했다. 소도 마부의 뜻을 알아차린 듯 힘을 쓰며 그 고개를 오르고 있었다. 마부는 소의 멍에에 바싹 다가가 혼신의 힘을 다하여 짐을 끄는 소를 독려하며 고개를 넘고 있었다. 오르던 소가 지친 듯이 비비적거리며 멈칫거렸다. 오르다 멈추면 큰일이다. 뒤로 밀려나면 소도 짐도 위험하다.

위태롭고 힘겨운 시간이 이어졌다. 소를 모는 마부도 사력을 다하여 소를 독려하고 있었다. 힘겹게 아주 힘겹게. 통나무를 실은 마차는 천신만고 끝에 그 고개에 올라섰다.

사람도 소도 기진맥진한 모습이었다. 마부도 소의 등도 온통 땀이었다. 마부는 소의 목덜미를 끌어안고 쓸어내리며 흐느끼듯 땀에 젖은 소를 마치 사람인 듯 어루만지고 있었다. 소의 짐이 곧 마부의 짐인 듯했다.

아버지가 무거운 짐을 짊어지고 돌아오시면 아버지의 등에는 땀으로 젖어 있었다. 그것은 소등에 젖은 땀과 같았다. 아버지의 어깨에 올려졌던 짐의 자국은 검은 색을 띠고 있었다. 많은 짐을 지고 들어오시는 날은 그 지게 자국이 상처인 듯 검게 더욱 그러했다. 아버지의 등은 이미 모두 땀에 젖어 있었다. 나는 그때 아버지가 얼마나 힘든 짐을 지고 있었는지를 몰랐다.

아버지는 봄부터 가을까지 그 지게를 지셨다. 때로는 나뭇짐을 지기도 하고 풀짐을 지기도 했다. 아버지의 등에는 언제나 지게가 있었다. 겨울이 되어야 아버지의 지게도 헛간에 내려져 있었다. 그런 날은 사랑방에서 새끼를 꼬기도 하고, 어떤 밤에는 춘향전을 읽기도 하셨다.

눈 내리는 그 밤은 언제나 고요하였다. 유충렬전, 심청전 이런 이야기책도 있었다. 밤이 깊도록 책 읽는 소리가 가늘게 들렸다. 그런 날은 우리 집 사랑방에 동네 어른들이 오셨다. 아버지가 이야기를 읽으면, 마구간에서 우리 집 소도 감은 눈으로 그 소리를 듣고 있었다. 밖에는 눈이 내리고, 천지가 백야이다. 이 겨울은 소의 멍에도 아버지의 지게도 모두가 내려져 있다. 눈 내리는 이 밤에 꼬던 새끼를 놓고 유충렬전을 읽고 계시던 아버지의 목소리가 조금 잠기는 듯했다. 유배 갔던 아버지를 충렬이 구하는 장면을 읽을 땐 듣는 이도 읽는 이도 눈물이 났다. 이것은 아직도 우리들의 아버지가 짐을 지고 있다는 뜻이다. 심청이가 눈먼 아버지를 만나는 대목도, 열 번을 읽어도 열 번을 들어도 마찬가지였다.

나는 아버지를 떠올리면 아버지의 뒷모습만 그려진다. 너무나 초라했던 아버지의 등에 언제나 무거운 짐이 실려 있었는지도 모른다. 소의 멍에 자국과 아버지의 지게 자국은 너무나 닮아 있었고, 아버지의 등은 왠지 외롭고 쓸쓸해 보였다. 어쩌면 이것이 아버지의 모습일지도 모른다는 생각을 하였다. 아버지의 뒷모습에는 아버지의 모습이 그렇게 그려져 있다. 그것은 마치 오래된 흑백사진처럼 언제 보아도 오래된 자국이 묻어 있다.

문

예전 대문은 사립문이었다. 그 문의 열쇠는 아예 없거나 달려 있는 끈으로 둘둘 감아 놓는 것이 전부였다. 끈이 열쇠인 셈이다. 그 집 대문은 누구나 열 수 있었지만 닫혀 있으면 함부로 그 문을 열지 않았다.

방문에도 열쇠가 있었다. 밤이면 문고리를 걸고 수저를 꽂는 걸로 잠금장치는 완벽했다. 문살 사이로 손을 넣어 그 수저만 빼면 그 문도 누구나 열 수 있었다. 그러나 그 문 역시 함부로 열려 하지 않았다.

요즘의 문은 어찌나 복잡하게 잠겨 있는지 내가 잠가놓고도 익숙하지 않으면 딸 수가 없는 경우도 생긴다. 어떤 겨울날 쓰레기를 버리려 문을 열고 밖으로 나간 적이 있는데 다시 들어오려 하였으나 문이 열리지가 않았다. 언제나 열던 번호를 눌렀지만 틀렸다는 대답뿐 좀처럼 문은 열리지 않았다. 날은 추워 몸은 얼어붙고, 금방 들어올 생각에 옷도 허술한 상태였다. 매번 열리던 문이 열리지 않는 이유는 도대체 무엇이란 말인가? 이제 번호까지 혼동되기 시작했다. 이번에 실패하면 시장 간 식구가 올 때까지 추운 이곳에서 떨며 기다릴 생각을 하니 난감하기까지 했다. 이번이 마지막 기회다. 나는 정신을 가다듬고 늘 자신 있게 쓰던 번호를 생각해냈다. 이번만은 확실하다고 결론을 내리고 잘못 누르지 않도록 하나하나 정성스럽게 누르는 순간 “스르륵” 그 특유의 마찰음과 동시에 문이 열렸다. 나는 무슨 큰일이나 해낸 모양으로 희열과 만족을 느끼면서 들어왔다.

현대(現代)의 문(門)은 너무나 복잡하다. 내 집에 들어오는데도 이렇게 복잡한 검증을 거쳐야 하다니! 열려라 참깨 따위는 이제 싱거운 얘기다. 내 컴퓨터에 내가 한번 들어가려 해도 비번이 필요하고, 시내버스 한번 타려 해도 표가 있어야 한다.

생각의 문을 여는 키가 있다면 얼마나 좋을까 생각할 때가 있다. 좀처럼 생각이 잡히지 아니하여 며칠씩 고민하다 보면 앓는 몸이 되기도 한다. 파스칼은 “인간은 생각하는 갈대다.”라고 하여 인간의 육체는 갈대와 같이 연약하지만 생각을 가지고 있어 위대하다고 말했다. 데카르트도 “나는 생각한다. 그러므로 나는 존재한다.”면서 생각에서 자기의 존재를 찾았다. 어떤 때는 존재를 확인해나가는 것이 삶이 아닌가 싶다.

또한 생각이란 삶의 방향성을 제시하기도 한다. 인간

의 모든 행위는 생각에 의하여 움직이고 생각대로 삶이 꾸려진다. 말하자면 생각이 결과를 낳는다고 말할 수 있다. 생각의 문이 활짝 열린다면 열려진 그 문은 그 어떤 생명수도 담을 수 있다.

현대는 생각의 문도, 마음의 문도 덩달아 복잡해지고 있는 느낌이다. 무엇을 한 번 생각하려 해도, 마음을 열어보려 해도 좀처럼 열리지 않을 때가 있다. 시름시름 앓다가 마음을 풀면 그제야 조금의 실마리가 잡히는데 이것을 보면 참으로 이상하다. 나무를 보고, 꽃을 보고, 바람소리를 듣고, 계절의 향기를 맡고, 느린 걸음으로 거닐 때 오히려 문이 열린다. 어쩌면 그 문의 키는 자연이 아닌가 이런 생각이 든다.

현대를 인스턴트 시대라고 한다. 음식도 포장만 열어 먹거나 물에 타서 마시면 되는 시대다. 한편으로는 우직하게 걷는 이는 드물고 단편적으로 얻은 지식은 영악하고, 어떤 깊이도, 투박한 맛도 없는 듯이 보인다. 그런 문은 그런 식으로 열 수밖에 없는 것이 때로는 안타깝다.

어쩌면 현대인들은 자기 문을 자기가 열지 못하는 잃어버린 열쇠의 시대에 살고 있는 것은 아닌가 한다. 삶의 주변을 배회하며 살고 있는지도 모른다. 사립문이 허술하다 하나 생각의 문은 언제나 활짝 열려 있었다. 허술한 방문도 헛기침 한 번이면 열렸다.

현대인의 마음은 너무나 굳게 잠겨 있다. 출입문이 견고하면 견고할수록 마음의 문은 좀처럼 열리지 않을지도 모른다. 설령 열린다 하더라도 그곳으로 들어갈 용기도 자신도 없을지도 모른다. 이제는 떠난 지가 너무 오래다.

사립문처럼 보다 느슨한 열쇠가 내가 진정 찾으려 하는 삶의 열쇠인지도 모른다는 생각이 든다. 잃어버린 물소리와 바람 소리를 듣자, 그리고 천천히 걸으며 숲속의 향기를 맡아보자. 너무 높고 빠르게 오르는 것도 조금 생각하며 걷자. 꽃도 보고 나무도 보자. 그러면 언젠가 생각의 문도, 마음의 문도 열리겠지!

독백

조용히 그냥 앉아 있을 때도 있지만 어쩐지 울적하고 외로운 허전함에 어디론가 떠나고 싶은 것도 같기도 하고 누군가가 보고 싶은 것 같기도 하고 그래요. 이럴 땐 술이라도 마실 줄 알면 마시고 싶어요, 취하고 취하여 아무것도 모르는 사람마냥 그렇게 됐으면 좋겠어요. 왜 이런지 모르겠어요. 아마도 이것은 병이겠지요? 이런 병은 약도 없어요.

이럴 때는 아무 거라도 끄적여야 해요. 이렇게 글인지 뭔지 끄적거리고 있으면 조금 나아요. 어떤 때는 쓸 것도 없으면서 이렇게 쓸 때가 많아요. 이것은 내 허전하고 외로운 마음을 달래는 약이랍니다. 뭐가 외롭냐고 물으면 그것도 대답을 못하겠어요. 막상 말을 하려 하면 실제가 없는 것처럼 이것이다 하고 잡히지가 않아요.

내 병은 내가 잘 알아요. 이 병은 아주 어릴 적부터 있었던 것 같아요. 어려서도 몹시 외로움을 탔거든요. 지금은 그 병이 아주 심해져서 그런 외로운 마음에 싸일 때는 정말 이 세상에 아무도 없고 나만 있는 것 같아요. 아무것도 손에 잡히지가 않고 허전하고 쓸쓸하기가 빈 공간 같아요.

분명 누군가 보고 싶은데 누군지 모르겠어요. 이렇게 누군지 모르는 사람도 찾고 보고 싶어 하는 것을 보면 사람이란 참 이상하지요. 내가 사람이라고 하였나요? 다른 사람도 나와 같은 병을 앓는 사람이 있을 것 같아 사람들이라 하였어요. 내 마음은 이럴 때가 많아요.

이럴 때 술을 마시는 사람도 있을 것 같아요. 그러나 나는 술을 할 줄 몰라요. 술을 마시면 기분이 좋아진다 하던데 나는 배가 아파요. 얼굴도 붉어지구요. 배만 아프지 않아도 좋겠어요. 술에 취하여 주선(酒仙)의 경지에 까지 오르고 싶어요. 그러나 불행하게도 술도 못 먹는 등신이랍니다.

내가 할 수 있는 것은 쓰지도 못하는 글을 쓰는 것이랍니다. 그래도 무언가 쓰고 있으면 그런 고독도 슬픔도 외로움도 잊을 수가 있어요. 그래서 그런 외롭고 울적한 마음이 들어 어찌할 바를 모르면 쓸 것이 있거나 말거나 아무 거라도 끄적거립니다.

이것이 나의 병에는 그나마 처방입니다. 지금 그래서 글을 쓰고 있는 겁니다. 내가 지금 글이라 했나요? 글은 무슨 글, 그냥 외로움이 싫어서 끄적거리는 것이지요. 이럴 때는 정신 나간 사람 같아요. 말이 되는 소리든 아니 되는 소리든 이렇게라도 쓰고 있으니 조금은 외롭고 쓸쓸한 생각이 사라졌어요. 참 이상한 일이지요?

삼손은 자기의 머리카락이 잘렸을 때 쓰던 힘을 못 썼다고 하네요. 나는 쓰는 것을 못 쓰게 하면 그렇게 될지도 몰라요. 삼손만 이런 것이 아닌지도 몰라요. 삼손은 머리카락이었지만 어떤 이는 손톱일지도 몰라요, 어떤 이는 명품 가방일지도 모르죠. 사람은 자기에게 힘을 내게 하는 그 무엇인가 존재한다는 말입니다.

이렇게 쓰고 있다 보면 뭔가 모르게 허전함이 사라지고 외로움도 사라집니다. 그리고 살 힘이 다시 생깁니다. 거짓말 같지만 이것은 사실입니다. 사람이 빵으로만 살 수 없다는 것도 넓은 의미로 보면 여기에 포함되는 게 아닌가 합니다.

배가 고파 삶을 포기하는 사람 보았나요? 그런 사람은 보기 드물 겁니다. 대부분 사람의 문제는 외롭고 허전한 데서 옵니다. 사람의 정신도 육체처럼 허기집니다. 그 증상 중의 하나가 외로움입니다. 그 외롭고 허전함이란 정신의 배고픔입니다.

내가 말이 되는 소리든 되지 않는 소리든 이렇게 쓰고 있는 것은 영혼의 굶주림에 밥을 주고 있는 행위입니다.

이렇게 쓰고 있으니 영혼의 배가 조금은 불러졌나 봅니다. 이제는 외로움도 쓸쓸함도 사라졌습니다. 나는 이 병을 사랑합니다. 이것은 글을 쓰는 이의 아주 소중한 에너지가 될 수 있습니다. 이런 외로움, 쓸쓸함 등이 아주 부가가치가 높은 에너지 자원이 될 수 있음을 글을 쓰면서 알게 되었습니다.

나는 이것을 감히 문학적 에너지라고 명명하고 싶습니다. 이런 외로움과 그리움, 쓸쓸함을 양식으로 삼지 않는 문학가와 예술가는 없다고 생각합니다. 이 에너지는 고갈되지 않는 깊은 샘과 같습니다. 이것은 문학의 생명수와 같습니다. 내가 이 병을 사랑하는 이유입니다.

선(線)

스님이 뒷방에서 세필로 긋는 공부 중이다. 말이 공부지 밑으로 긋고 옆으로 긋는 것밖에 할 줄 모르는 사람처럼 그러고 있다. 그런 그의 모습은 어찌나 진지한지 그가 그런 동작을 하고 있을 때는 아무도 범접할 수 없는 비장함까지 흘렀다. 스님은 선 긋기에 들기 전에 아주 오랫동안 좌선하는 경우도 있었고 어떤 때는 선을 몇 번 긋다가 무슨 생각인지 붓을 놓고 다시 긴 명상에 들어갔다.

그러나 한번 선 긋기에 들어가면 그 진지함이란 어느 높은 경지에 달한 스님과 조금도 다르지 않았다. 수년을 그리 하자 스님의 별명이 선 긋기 스님이 되고 밥하는 보살님은 은근히 그 스님을 무시하기도 했다. 스님이라면 염불을 외든지, 아니면 경전을 읽어야지 허구한 날 공부도 아닌 것을 가지고 저러는 모습이 이제는 우습기도 했다.

스님은 선 긋기가 끝나면 뜰로 내려와 깊은 생각에 잠겨 거닐기도 했다. 스님은 간혹 고개를 들어 먼 산을 바라보기도 했으나 주로 무엇인가 사색하듯 시선은 늘 아래를 향하였다. 스님의 그런 행동은 무슨 대단한 경지의 스님처럼 보이게 했다. 그러나 그가 밥 먹고 하는 일이라고는 기껏해야 방에 들어 앉아 선 긋기뿐이다. 글자를 쓰는 것도 아니요 그렇다고 경전을 공부하는 것도 아니다. 수년째 저러고 있다. 그는 마치 그 선이 잘못 그어지면 큰일이라도 나는 듯 사선(死線) 지나는 사람마냥 사력의 힘을 그곳에 쏟아 붓고 있었다.

우습게만 보이던 그의 진지함과 그 선은 차츰 다른 모습으로 보이기 시작했다. 밥 보살님도 스님의 빛나는 안광의 광채와 단순하게만 보이던 그 선에서 말할 수 없는 부드러움과 신비스러움을 발견했다. 이어 스님의 깊은 뜻이 있을 것이라고 생각했다.

식구는 계속 뜯었다 박았다 하는 중이다. 밤이 늦도록 다 된 바짓단을 다시 뜯고 박고를 하고 있다. "늦었어! 그만 자." 이렇게 달래보지만 소용없다. 무슨 바지통 하나 고치는 데 저러고 있나 이해가 갈 듯 말 듯 하다가 답답한 마음이 든다.

답답함의 근거란 그까짓 바지야 조금 넓으면 어떻고 조금 좁으면 어떤가 하는 것이다. 같은 바짓단을 뜯었다 다시 박기를 수회 중인 식구를 보노라니 답답하다. 잘 고쳐진 것 같은데 정작 본인의 마음에 들지 않아서 저러고 있는 것이다. 그러나 나는 그 심정만큼은 이해한다.

이래도 마음에 안 들고 저래도 마음에 안 들 때가 있다. 남들이야 괜찮다 하지만 내 맘에 들지 않으면 부수어 버리든지 쓰레기통에 집어넣어야 마음의 평화를 얻게 된다. 하다하다 마음에 차지 않으면 버려야 끝이 난다. 나는 그 심정을 이해하기에 "마음에 안 들면 버려 응?" 하고 종용하지만 그는 쉽게 버리지도 못한다. 끝까지 붙들고 늘어져 온갖 씨름을 다하다가 도저히 아니면 "버리자." 이렇게 혼잣말처럼 선언한다. 이러고 나면 며칠을 앓을 때도 있다. 눈이 높은 것도 죄(罪)라 하지만 사실 나도 이런 눈을 사랑한다. 괴로움을 느끼면서도 이런 눈을 구하고 있다.

스님의 선 긋기는 하잘것없는 선 긋기가 아니었다. 마음과 정성을 담아낸 훌륭한 탱화는 선 긋기 스님에 의하여 완성이 됐다. 수천수만의 선 긋기에는 오로지 부처님을 향한 그의 무한한 정성이 담겨 있다. 선 긋기 스님의 마지막 붓끝으로 그 그림이 완성됐을 때 모두가 고개 숙여 합장하였다.

이것이 영혼의 근저에 흐르는 맑은 샘이다. 우리에게도 그런 혼이 있다. 한낱 아무 것도 아닌 바짓단을 가지고 저러고 있다고 핀잔하지 말자. 그는 지금 그의 정제된 혼을 끌어내려 하고 있다. 스님의 선 긋기는 온전함을 향하는 인간의 높은 이상(理想)에서 비롯된 행동이다. 그 세계는 높고도 깊다. 그것의 추구는 마치 영혼의 바닥을 훑는 듯하다. 영혼의 맑은 바닥이 보일 때 오히려 고통은 가중된다. 그러면 목마른 사람처럼 그 샘을 파게 된다. 스님의 붓은 그 샘을 파는 작업이다. 맑은 물이 솟아오르기를 갈망하며 파는 것이다.

극락전 탱화를 들여다보며 그것을 그렸던 스님의 붓끝을 생각한다. 탱화 속의 그분들은 아무 말이 없다. 내가 바라보면 그 무엇인가 던져지는 말이 있다.

빨래터

속옷은 하루만 입어도 갈아입는다. 예전에는 옷이 흔치않아 갈아입을 옷도 없었다. 단벌신사라는 말이 있듯 그나마 한 벌의 옷이라도 양복이 있는 사람은 말 그대로 신사였다.

빨래를 하는 일은 예나 지금이나 힘든 일 중에 하나다. 지금은 그래도 세탁기가 있어 수월하다. 세탁기가 없던 시절에는 손으로 비벼 빨고, 빨래판에 문질러 빨고 방망이로 두드려 빨기도 했다. 무명의 흰 속옷은 잿물을 넣은 솥에 삶아서 빨기도 했는데 이렇게 해야 흰색이 유지된다. 삶지 않고 빨래를 하면 여간 공들여 빨지 않으면 누렇게 변색이 된다.

신혼 초에는 세탁기가 없어 손으로 세탁을 해야만 했다. 아내가 세탁을 할 때마다 너무나 힘들어 하여 어떤 때는 내가 거들기도 했는데 신기하게도 내가 세탁한 속옷은 누런색을 띄었다. 빨랫줄에 걸려서 누렇게 변색된 듯한 속옷은 내 작품이다.

손빨래를 한다는 건 힘겨운 일이다. 빨래만 안 하고 살아도 해야 할 집안일이 없을 것만 같았다. 지금은 세탁기로 빨래를 하여 예전에 비할 바는 아니지만 한 번 입고 내놓고, 한 번 입고 내놓고 쌓여가는 옷은 아무리 세탁기가 대신한다 하여도 세탁기에 넣고 꺼내는 일만도 보통일이 아니다.

시골에는 개울가에 빨래터가 있었다. 화가(畵家) 박수근의 '빨래터'라는 유화 작품(作品)이 있는데 이 빨래터의 모습을 그린 작품이다.

동네 아주머니들은 개울가에 앉아 빨래를 하였다. 모여 앉으면 누구 흉을 보기도 하고 그 중에는 시누, 시어머니 흉도 당연히 있었다. 또 숨겨진 소식도 서로 주고받았다. 하루라도 술이 취하지 않으면 넘기지 못하는 주정꾼 남편에 대한 원망도 있었고 어떤 일로 가슴의 울분을 어디다 대고 풀 수가 없어서 빨래방망이를 내리치면서 그 마음을 풀기도 하였다. 빨래터는 동네 소식의 발원지이기 했고 모든 정보가 모이는 장소이기도 했다. 그러나 무엇보다도 마음에 뭉친 화(火)를 푸는 장소(場所)였다. 방망이를 내리치는 한탄의 말에는 내가 그놈의 인간 때문에 못산다는 내용이 대부분이었고 그 지랄하려면 뒤지지(죽지) 왜 살아, 하면서 저주성 방망이질도 있었다. 그 방망이에는 설움과 울분도 같이 섞여 있었던 것이다.

이것이 우리의 빨래터다.

빨래는 더러운 옷만 세탁하는 장소는 아니다. 빨래방망이로 응어리진 마음을 풀어내고 닦아내는, 우리 어머니의 마음을 빨래하는 장소였다. 빨래터를 아는 이는 그곳에 얼마나 많은 눈물과 사연이 있었나를 안다.

개울물은 무심히도 그 사연을 흘러내렸다.

어머니는 빨래를 훌훌 털어 빨랫줄에 널었다. 사람의 마음도 가을 하늘처럼 그렇게 훌훌 털어 버리고 싶을 때가 있다. 세탁기에서 꺼낸 옷을 널 때면 가을 하늘의 빨랫줄을 생각한다. 나도 빨래를 훌훌 털어 널었다. 그 가을 청명한 날 고추잠자리 하늘을 날 때 빨래를 털어 널던 어머니 생각을 하며 이제야 고단했던 어머니의 마음을 조금이나마 이해할 것만 같다. 어머니의 빨래방망이 소리가 왜 거칠고, 어머니는 왜 숨이 차듯 방망이를 세차게 두드렸는지. 그리고 빨래를 훌훌 털어 널던 어머니의 그 모습이 긴 줄에 걸쳐 있다. 빨래가 널린 가을 하늘은 일점풍(一點風)도 없는 듯이 그렇게 깊고도 푸르고 높았다.

한겨울 꽁꽁 언 개울은 몹시도 추웠다. 어머니는 얼음을 방망이로 두드려 깨고 얼어 있는 개울에 물구멍을 냈다. 삶아 온 빨래에서 풀풀 나던 김은 금세 멈추었다. 얼음장 같은 물에 손을 담그면 손이 시리다 못해 깨지는 느낌이었다. 이놈의 겨울 빨래는 왜 이리도 뻣뻣한지, 언 손으론 잘 비벼지지도 않는다. 그래도 아직은 온기가 남아 있는 빨래 통에 시린 손을 담가 녹였다. 방망이도 손이 시려 잘 두드려지지도 않는다. 겨울 빨래는 형벌처럼 느껴졌다.

겨울의 빨래터는 외롭다. 붐비던 빨래터도 겨울이면 적막하다. 아무도 나오는 이 없이 시린 손을 비벼가며 빨래를 할 때는 빨래방망이 소리뿐이다. 이때는 설움도 울분도 내놓을 겨를도 없이 개울가에는 눈이 펄펄 날리며 흩어져 내리고 있다. 그 시린 눈 사이로 어머니의 방망이 소리뿐이다.

영혼의 식사

어찌 보면 사람의 일생이란 먹고 마시는 일이다. 먹는 즐거움을 버리고 다른 즐거움을 앞에 두기는 힘들다. 허기와 갈증에 인내를 가지고 기다리는 것도 쉬운 일이 아니다. 육신의 허기도 영혼의 허기도 마찬가지다.

대부분의 기다림은 사람을 지루하게 만들고 지치게도 하지만 대상의 즐거움을 극도로 끌어올리는 효과도 있다. 여행과 같이 실행되기 전의 설렘이 실제의 여행보다 오래도록 기억에 남는 이유도 그런 것이 아닌가 한다.

먹는 기다림도 그와 같다. 식사의 기다림은 미각을 극대화할 수 있다. 맛은 미각의 총체적 이름이다. 맛에 대한 기억은 수십 년 후에도 기억할 만큼 강력하다. 한번 맛본 것에 대하여는 상당 기간 잊혀지지 않는다. 허기진 배에 맛있게 먹은 맛의 기억은 평생 동안 기억 속에 저장되기도 한다.

맛이 미각에서 오는 것이라면 멋은 시각에서 오는 것이다. 시각으로 맛을 느끼는 것이 멋이다. '멋있다'라는 말은 시각적으로 맛이 있다라는 뜻이다. 인간에게 맛 이상으로 추구되는 것이 멋이기도 하다. 맛이 감각적이라면 멋은 감성적이다.

인간은 감성적 맛인 멋을 중시하고 그 가치성(價値性)을 중요시한다. 멋은 분명 미(美)의 범주이면서 감성적 정서를 담고 있다. 멋은 미(美)의 조화성을 강조한다. 지극한 미(美)는 선(善)과 통하며 진(眞)에 이른다.

모든 예술은 미(美)를 추구한다. 미(美)는 영적 허기를 달래주고 영혼을 충만케 한다. 마음과 정신과 같은 인간의 영혼도 배고픔이 있다.

맛이든 멋이든 먹는 것이다. 육체는 입으로 먹고 영혼은 마음으로 먹는 것이다. 하나는 육체적 양식이고 또 하나는 영혼의 양식이다. 육체도 영혼도 배가 고플 때가 있다. 철학, 문학, 종교, 예술 이런 것들은 영혼의 밥상인 셈이다.

꽃을 보고 아름다움을 느끼는 것, 수풀을 보고 편안함을 느끼는 것, 명화를 감상하여 감동의 순수함에 이르는 것, 이런 일련의 것들은 정신적 허기를 달래는 영혼의 밥상이다.

사람이 빵만으로 살 수 없다 한 것도 육신의 음식만으로 허기를 달랠 수 없기 때문이다. 어쩌면 빵은 영혼의 양식에 비하면 극히 일부분에 불과하다.

어려서 굿하는 모습을 보았는데 무섭고 두려웠다. 굿은 산 사람이 죽은 사람을 만나는 과정이다. 영혼은 무당의 입을 빌려 말한다. 흰 종이 조각이 주렁주렁 달린 대나무 가지며, 무당의 주문과 요란한 방울 소리, 꽹과리 소리가 요란히 울리며 무당 손에 잡힌 대가 움직이는데 이것은 영혼이 왔다는 신호다.

굿은 점점 달아올랐다.

이제 죽은 딸아이가 엄마에게 말을 하기 시작했다.

딸아이는 흐느껴 울며

"오빠는 학교 보내고 나는 왜 학교 안 보냈어?"

흐느끼고 흐느끼며,

"엄마는 왜 오빠만 사랑하고 나는 미워해?"

"뒷집에 영숙이도 학교 갔잖아."

"나도 영숙이처럼 교복 입고 학교 가고 싶었어."

그 후에도 흐느낌은 계속됐다.

"맛있는 것도 오빠만 주고."

"미안하다. 미안하다."

"엄마가 잘못했다."

"아니, 아니, 엄마 내가 미안해."

"나는 엄마를 사랑해."

"이것아 미안하다. 이것아 미안하다."

"엄마를 용서해라."

두 눈에서 흐르는 눈물이 얼굴에 내린다.

그들은 서로 부둥켜안고 울었다.

산 사람과 죽은 영혼이 만나는 것은 대부분 인간의 한(恨)을 푸는 과정이다. 죽은 자의 한(恨)을 풀고 산 자의 한(恨)을 푸는 것이다. 그들은 못 다한 사랑의 한(恨)을 풀고 있는 것이다. 이것은 허기진 영혼을 달래는 특별한 밥상이다. 이처럼 인간은 늘 사랑에 굶주려 있는 것은 아닐까?

어린 고향(故鄕)

내 고향은 충청도 산골이다. 면소재지에서도 20여 리를 산을 끼고 구불구불 들어가야 하고 경상도 산골과 접하는 골짜기 마을이다. 내가 유독 산을 좋아하고 녹음(綠陰)을 사랑하는 이유도 산에서 나고 자랐기 때문이 아닌가 한다.

내 고향은 워낙 골짜기라 둘러보면 온통 산이었다. 평지라야 골짜기 사이의 논밭이니 산에서 태어났다는 말이 과장된 말이 아니다. 내가 자란 마을 이름도 꽃밭말이다.

꽃밭말은 봄이면 온 산이 진달래로 붉은 물감을 쏟아부은 듯했다. 그래서인지 마을 이름도 꽃밭말이다. 우리는 그 산을 놀이터로 알고 오르락내리락하며 놀았다. 진달래꽃을 꺾어 들고 이리저리 뛰어다니며 묘 자락에서 장난을 치기도 했고, 놀다가 갑자기 무서워 산비탈을 미끄러지듯 내달리기도 했다. 골짜기에서 호드기를 만들어 불며 작은 돌을 들추고 가재를 잡기도 했다. 그런 내 고향 꽃밭말에 푸른 바다가 바람에 넘실거리듯 문전에서 청맥(靑麥)은 파도처럼 물결을 이루었다. 오월은 그렇게 시작됐다. 아카시아꽃이 주래주래 피고 그 향기는 보리밭 오솔길을 걸었다.

푸른 오월은 좁다란 골짜기에 소 모는 소리가 온 산천이 떠나갈 듯이 울렸다. "이랴-. 이랴-. 어저저저-. 이랴-." 흙탕물을 뒤집어쓰고 첨벙이며 우리 소는 논바닥을 휘젓으며 힘을 냈다.

"이랴-. 이랴-."

"어저저저저-. 어저어-. 이랴-."

비탈져 달라붙은 밀밭은 바람에 허연 배를 드러내고 쓸리며 물결을 이루었다. 소 모는 소리에 작은 골짜기는 갑자기 난리가 난 듯이 소란하고 꿩들도 놀라 꿩- 꿩-, 거리며 높이 날아 산기슭으로 도망쳤다.

푸른 녹음 골짜기에 쫄쫄거리는 계곡물 소리, 딱따구리 나무 찍는 소리도 좋았다. 뻐꾸기 소리를 처음 들었을 때 오월의 녹음은 더욱 빛났다.

오월은 농가가 한창 바쁜 때다. 밭일도 밭일이지만 모내기가 급하다. 이 집 저 집 어울려 돌아가며 일손을 모아 일을 한다. 이렇게 같이 모여 일을 하면 일의 능률도 오르고 외롭지가 않다.

어머니들은 함지박에 밥을 해서 나르고 품꾼들이 둘러앉아 새참을 먹고 점심을 먹다가 누군가 지나가면 "어이

어이!" 하고 불렀다.

"어이! 한잔 하고 가-."

"이리 와 한술 뜨고 가게-. 어서! 빨리 오라니까."

이것이 농촌의 정겨운 인심이다.

동산에서 내려다보는 5월의 마을은 너무나 아름답다. 보이는 마을이 푸른 물결로 끝없이 청정하다. 5월의 고향을 생각하면 언제나 푸른빛이 아득하다.

5월의 신록은 더욱 그러하다. 산이 높게 높게 보인다. 그 푸르고 깊음으로 그러하다. 나는 신록의 깊고도 신선한 빛깔과 청정한 신록향(新綠香)을 음미한다.

수풀의 푸른 잎을 보고 숲에서 나는 감미로운 새 소리 물 소리를 듣고, 아무도 알아주는 이 없어도 꽃을 피우고 열매를 맺는 것을 보는 것은 더없는 행복이다. 천천히 수풀을 걸을 때면 그들의 평화와 행복이 내게 전해지는 듯하다.

수풀은 언제 보아도 그 빛이 빛난다. 특히 5월의 숲은 그 푸름의 깊이를 어떻게 표현해야 될지 모르겠다. 인생이 태어나서 이런 빛을 한번 보는 것으로도 보람이다. 그토록 5월의 자연은 아름답다. 신록의 빛을 보면 신록향이 떠오르고, 싱그러운 고향의 향기가 절로 전해지는 듯하다.

5월의 봄꽃은 성숙됐다. 초춘(初春)의 봄꽃이 화려한 느낌의 어린 얼굴의 웃음이라면 5월의 꽃들은 보다 성숙되고 우아한 꽃을 피우기도 한다. 푸른 녹음(綠陰) 속에 핀 꽃은 더욱 아름답다.

신록의 소리는 깊고 그윽하다. 뻐꾸기 소리가 그러하고 산비둘기 소리가 그러하다. 5월의 산은 뻐꾸기 소리가 있어 그 산의 운치가 더해진다. 산비둘기 소리도 마찬가지이다. 저편에서 산비둘기 구구거리는 소리는 5월의 한적한 푸름을 더해준다.

붉은 보랏빛 오디가 똘망똘망 익어갈 때면 그 산에서 뻐꾸기가 쌍으로 우는 소리를 들을 수 있다. 그 소리를 들으며 익은 오디를 땄다. 그리고 가는 길에 심어진 어린 모를 보았다. 감자꽃이 핀 한가로운 밭을 보기도 하고, 어린 고추가 자라는 모습을 보기도 했다. 이렇게 하는 것도 어떤 그리움을 자아내는 행복한 순간이다.

찔레꽃은 어떤 향수를 자아낸다. 어머니 저고리에도 저런 꽃무늬가 있었다. 찔레꽃이 필 무렵이면 보리밭은 푸른 물결로 이랑 이랑이 맥파(麥波)였다. 지금은 흔히 볼 수 없어 마음에 남은 보리밭이 향수처럼 그리움처럼 그렇게 출렁인다.

고독

물끄러미 창밖을 내다보니 외로움만 밀려온다. 무슨 이런 병이 다 있나. 마음은 낙숫물 떨어지는 소리뿐이다. 앉았다 일어서는 것도 지겨운 일이다. 서성이는 것도 한계가 있다.

한번 나가볼까 하여도 갈 데도 없다. 다시 창가에 앉아 물끄러미 밖을 보니 그것도 잠시뿐 공상도 아무 때나 떠오르는 게 아니다. 책이나 한번 읽어볼까 낡은 책을 펴들어도 한번 병이 일어나니 잡히지가 않는다.

가야 할 때도 없으면서 이리 서성 저리 서성인다. 이런 때는 술이라도 한잔 할 줄 안다면 얼큰하게 한 번 취해보고 싶으나 그도 또한 생각뿐. 술기운을 빌려서라도 공허한 이 맘을 달래려 해도 술을 모르니 그것도 아니다.

이런 때는 취미라도 있어야 하는데 별반 취미도 없다. 그럼 어디로라도 떠나야 한다. 가는 것에도 목적지가 있어야 한다. 날도 이런데 어디를 간다는 말인가. 왜 자꾸 찾아 나서라고 충동질이냐, 비는 오는데! 그렇다면 이 심사를 글로 한번 적어보자. 도대체 이 마음이 왜 그런지

너하고 얘기나 한번 해보자. 혹시 누가 보고 싶어서 그러냐? 이렇게 물어봐도 대답이 없다. 솔직하게 한 번 말해보란 말이다. 무엇 때문에 서성이고 그 병이 왜 돋는지 말해보란 말이다.

천리만리 숨은 마음 어찌 알겠는가? 그 답이 있다면 낙숫물 소리에 있다고 한다. 그렇게 쉽게 말할 것 같으면 여기까지 오지도 않았다 말한다. 그렇기에 병이라 하지 않느냐? 지금 말할 수 있는 건 어디로든 가고 싶다는 것, 알지 못하는 그가 기다리고 있는 듯하다는 것뿐이다.

이 병은 죽을 때까지 가져가야 하는 병이다. 인간은 원래 그런 존재라고 치부하기에는 그 답이 너무 간단하다. 수긍이 갈 듯 말 듯하지만 시원한 대답은 아니다. 풀을 찾아 끝없이 떠나는 순록처럼 그곳을 향하여 가라고만 한다.

혹시 미지의 사랑을 집요하게 찾아 떠나는 인간의 어떤 욕구 같은 것은 아닐까? 이것이 숨겨진 진실은 아닐까? 그렇기 때문에 어떤 이는 시를 쓰고 어떤 이는 그림을 그려 그의 욕구를 담고 또 담는 것은 아닐까?

방안에 들어가 처박혀 있는 것도 끝없이 그것을 찾아 헤매고 있기 때문인지도 모른다. 아무리 생각해도 고독은 사랑을 찾아 헤매는 과정이다. 허전한 이 심사는 이런 것이다.

그래 한번 찾아 떠나보자. 오후에는 날도 걷힌다고 하니 가서 한번 찾아보자. 저 넘어서 부르면 저 너머로, 따라 오라 하면 한번 따라 가보자. 그토록 오라고 부르니 한번 가보자.

속아도 떠나는 게 이 병이다. 봄비 그쳤으니 봄길 따라 임 마중가자. 산수유 노란 꽃이 임이 있는 곳, 봄풀 솟아 오르는 그 길이 임이 오라는 길, 가다가다 지쳐도 그 길 가보자.

잡초(雜草)

곡식의 몇 알을 얻고자 하여도 수없이 나는 잡초를 감내하는 것은 결코 쉬운 일이 아니다. 이러하니 누가 잡초를 좋아하겠는가? 아마도 논과 밭을 일구는 농부라면 가장 큰 고민거리가 잡초인지도 모른다.

사실 나는 잡풀에 대하여 부정적인 생각을 가지고 있고 편견의 눈을 가지고 있는지도 모른다. 잡초의 생태를 보면 잡초라고 아무 곳에나 자라지는 않는다.

얼핏 보면 모든 풀이 아무 곳에나 나고 자라는 것처럼 보이나 산풀은 보통 산에서 볼 수 있고 들풀은 대부분 들에서 볼 수 있다. 마른 땅을 좋아하는 풀이 있는가 하면 습한 땅을 좋아하는 풀도 있다. 농부가 제일 싫어하는 땅은 습지에 그늘진 곳이다. 이런 곳에서는 쓸데없어 보이는 잡풀만 무성하다. 농부에게 이런 풀은 성가신 존재요 뽑아버려야 할 대상처럼 보인다.

그러나 산삼, 작약, 감초 같은 것도 그의 효능을 알기 전에는 한낱 잡풀과 잡목 따위에 불과했을 것이다. 밀이며 콩도 우리에게 식량이 되기 전에는 그냥 풀이었고 약초 또한 그러했을 것이다. 그들을 알기 전에는 생각 없이 그들의 생태를 무자비하게 파괴하고 없애려 했을지도 모른다. 그러나 알고 보면 약초 아닌 것이 없고 언뜻 보면 독초로 보이는 것도 신비의 명약이 될 수 있다.

나는 그 후 잡풀과 이름 없는 잡목에 대하여 조금의 여유와 더 넓은 아량을 가지게 되었다. 어쩌면 잡풀과 약초의 차이는 무지의 소치에서 생기는 오류인지도 모른다.

어떤 사회의 무질서는 잡초처럼 보이고 엉망인 듯 보일 때도 있다. 그러나 기름진 밭에서는 곡식도 잘 자라지만 잡초도 잘 자라기 마련이다. 잡초 하나 자라지 못하고 맨땅이 드러나는 곳에는 어떤 곡식도 자라지 못한다. 좋은 토양이란 알곡뿐만 아니라 실은 잡초도 잘 자라는 곳이다.

엉망인 듯이 보이고 가치가 없는 듯한 초목의 잡풀 속에서 약초가 솟아오르고 신약의 재료인 초목이 자라 오르듯이 이리한 생대의 도양 속에서 새로운 사상과 분학, 철학, 예술의 창의적 씨앗이 돋을 수 있고 발아할 수 있다.

규격화되고 정형화된 것만이 좋은 것은 아니다. 다양성의 사회란 잡풀도 무성할 수 있고 과수도 수목도 무성한 사회다. 당장에 잡풀이 필요 없는 양 제거하려고만 든다면 그 어떤 창의적 학문도, 철학도, 문학도, 예술도 기대하기 어려운 황무지 같은 생태가 되고 말 것이다.

우리가 명작이라고 칭하는 어떤 예술작품은 잡초 같은 작가의 외롭고 칙칙하고 침울한 시기에 쓰이고 그려졌음을 우리는 잘 알고 있다. 얼핏 보면 고독하고 불우하게만 보였던 생태에서 불후의 명작이 탄생한 것은 많은 시사점을 준다.

산사(山寺)로 가는 길

나는 지금 어느 산길을 걷고 있습니다. 내가 이리로 오고 처음 가는 길입니다. 이 길을 다소 한적합니다. 한적한 길이라 어쩌다 사람들이 띄엄띄엄 지나갈 뿐입니다. 이 산중의 저쪽 능선은 등산로 본선입니다. 이 길도 오르다 보면 그 길과 만나게 될 것입니다.

산에는 오월의 연녹색 잎들이 바람에 하늘거립니다. 오월의 봄바람에 이마가 시원합니다. 이렇게 한적히 걸어보는 것이 얼마 만인지 모릅니다.

산은 큰 나무와 작은 나무가 어우러져 숲을 이루고 있습니다. 간혹 지나다가 나무에는 표찰 같은 게 붙어 있습니다. 나는 천천히 걸으며 봄 향기를 맡으며 걸었습니다. 연녹색의 봄 잎에는 향긋한 냄새가 나는 듯합니다. 나는 이 순간만이라도 심신(心身)을 놓아주고 싶습니다. 산이 주는 한적함과 그 몸에서 풍기는 그 향기를 느끼고 싶습니다.

마음에 드는 숲을 지날 때는 걸음을 늦추고 더욱 천천히 걷습니다. 짙은 산 향기에 멈춰 서기도 합니다. 연한 잎들 사이로 빛들이 나뭇잎 사이로 반짝입니다.

능선에 오르니 길은 더욱 평탄했습니다. 능선 너머로 산자락 밑에 밭이 보입니다. 그 옛날 호롱불로 밤을 밝히던 그 시절에 초가 산간에 살며 먹을 것을 걱정해야 하는 꼬부라진 우리 어머니의 밭인지도 모릅니다.

나는 잠시 생각을 멈추고 다시 길을 가기 시작했습니다. 능선은 어느 내리막에 다다랐습니다. 앞을 보니 이어지는 산은 높고 가팔랐습니다. 그리고 고랑 진 것이 예전에 이 동네에서 저 동네로 넘어가는 옛 고갯길임을 알았습니다. 지금은 흔적만 남고 고랑 진 옛길에는 침묵 같은 고요만이 흐릅니다.

나는 잠시 머물러 그 길을 바라보았습니다. 아스라이 그 옛날의 어느 시점에 서 있는 듯한 느낌이 들었습니다. 나는 이 길을 한 번도 걸어본 적이 없지만은 어디선가 본 듯하고 다정한 느낌이 드는 것은 무슨 연유인지 모르겠습니다. 이제 이쪽으로 가면 한적한 산사로 이어집니다.

오월의 신록은 어린아이 살결처럼 부드럽습니다. 미풍이 내 살결을 지나갑니다. 바람에 살며시 오월의 잎들이 미동합니다. 그 잎이 빛납니다.

나는 천천히 걷는 것을 좋아합니다. 그리고 한두 사람이 걷는 것을 좋아합니다. 그럴 때에도 혼자 걷는 것처럼 조용하면 더욱 좋습니다. 나는 이럴 때 인생에 더없는 행복을 느낍니다. 그리고 오월의 꽃들과 나뭇잎을 봅니다. 아무렇게나 피어 있는 꽃들이 소박하고, 어느 정원사의 정원보다도 아름답습니다.

지금 숲속은 고요합니다. 모두가 무념(無念)인 듯합니다. 나는 이때가 좋습니다. 산비둘기가 구구거리며 웁니다. 오월의 산에는 산비둘기가 저 산 멀리서 웁니다. 천천히 걷는 그 길에서 나는 그들의 소리를 듣습니다.

산사는 언제나 빈집처럼 조용합니다. 간혹 맑은 종소리가 들리기도 하지만 그 역시 무념의 소리입니다. 산사 밖에는 모내기를 할 때입니다. 그리고 감자꽃이 밭 가득히 피기도 합니다.

이런 것들은 어떤 잔잔한 추억을 떠오르게 합니다.

그리고 마음이 저려오기도 합니다.

종소리

종소리를 처음 들은 때가 언제인가는 확실하지 않다. 종소리를 들은 것은 초등학교 때부터인 것으로 생각된다. 처음 들은 종소리는 괘종시계 종소리가 아닌가 한다.

초등학교 때는 공부가 시작될 때와 끝날 때 종을 쳤다. 그 종소리는 땡땡 그런 소리가 났는데 아주 경쾌하고 명랑한 종소리였다. 지금도 떠올리면 귓전에서 소리가 나는 듯하다.

운동장에서 아이들이 조잘거리는 소리가 들리다가도 시작 종소리가 울리면 온 교정은 조용해졌다.

그 다음 종소리는 어느 시계 종소리였다. 외가에선가 하루저녁 잘 때가 있었는데 외가에는 시계추가 느리게 움직이는 큰 시계가 있었다. 그곳에서 한밤에 울리는 종소리를 들었다. 고요한 밤에 울리는 그 종소리는 어떤 묘한 기분이 들게 했다. 그 종소리는 낮에는 들리지 않는 듯했다. 그 종소리는 징- 징- 하며 울렸는데 밤이 되면 집안의 온 공간을 채우는 듯했다.

그 후 들은 종소리는 교회 종소리였다. 교회에서는 종

을 어떤 날 어떤 때에만 쳤는데 낮에는 잘 들리지 않았다. 새벽에 교회 종이 울릴 때면 종소리가 땡그랑 땡그랑 하며 울렸고 아주 맑았다. 그 종소리는 소리가 그리 크지는 않았지만 마을 멀리까지 갔다. 나는 그 종소리를 들으며 자랐다.

그리고 좀 더 커서 들은 종소리가 속리산 종소리이다. 해가 지는 저녁쯤이라 생각되는데 내가 있던 곳은 그 종으로부터 그리 멀리 떨어진 곳이 아니었던 것 같다. 어떤 암자에 올랐다가 늦게 산을 내려오다 잠시 휴식하는 때였다. 어디선가 천둥과 같은 꽝– 하는 아주 큰 종소리가 울렸는데 갑자기 울리는 종소리에 조금 놀라기도 했다. 그러나 이내 그 종소리는 어떤 영감과 감동을 주었다. 이날 종은 아주 여러 번 울린 것으로 기억되는데 한번 징– 하고 울릴 때마다 온 산천이 떨리면서 다시 메아리쳐 내 가슴 속으로 그 진동이 몰려들었다. 그 느낌은 말로 표현하기 힘들다. 저물어가는 산사의 종소리는 나그네에게 그 무엇인가를 깨우는 듯했다.

이 세상에는 이같이 많은 종소리가 있지만 우리는 그것이 종소리인지 모르고 사는지도 모른다.

가을날

가을햇살이 유난히도 빛나던 어느 오후, 붉게 물든 감잎이 마당 가득 떨어져 쌓이고 빨간 고추가 눈이 부시도록 널려 있던 풍경을 나는 기억한다. 나의 학창시절 잠시 고향에 내려와 있을 때의 일이다.

나는 마음이 괜스레 쓸쓸하기도 하고 울적하기도 하여 그럴 때면 마을의 밭길을 걷기도 하고 논길을 걷기도 했다. 빨간 감이 익어 주렁주렁 달린 가을은 왠지 우수에 젖게 했고, 떨어진 낙엽 밟는 소리는 알지 못할 외로움의 고통을 겪게 했다.

언덕배기 명희네 집 고추밭도 붉게 익어 가을햇살에 빛났고, 그녀는 엄마와 고추를 땄다. 두 사람의 모습은 빨갛게 익어 달려 있는 감나무와 함께 가을의 풍경을 자극했다. 너무나 평화로운 풍경이다. 그 아름다움은 두고두고 잊혀지지 않는 가을의 영상이 되어 떠오르곤 한다.

오빠가 없던 명희는 나를 오빠처럼 따랐는데 실제로 그녀는 나의 먼 친척 여동생이었다. 시골 동네가 다 그러하듯이 우리 동네도 몇몇 성씨가 모여 사는 작은 촌락이었다. 명희의 어머니도 명희가 나를 오빠라 부르며 따르는 것을 개의치 않았다. 명희 아버지는 일찍 돌아가셨다. 명희는 학교를 다니다 집안 사정으로 그만 두고 엄마와 단둘이 살고 있었다. 그래서 그런지는 몰라도 명희는 내가 시골에 내려가면 오빠를 준다며 밤도 주워 오고, 빨갛게 익은 대추도 따서 자주 내게 가져 오곤 하였다.

이 가을도 이제 막 떠나려 한다. 감나무 잎은 더 많이 지기 시작했고, 바람은 더욱 쓸쓸히 낙엽을 쓸어갔다. 명희가 며칠째 보이지 않아서 나는 아주머니에게 어째서 명희가 보이지 않느냐고 물었다. 그랬더니 아주머니는 우리 명희가 왜 그러는지 말도 하지 않고 앓고 있다는 것이다. 그렇게 건강하던 아이가 도대체 어디가 얼마나 아프기에 며칠째 보이지 않는가 싶어 한번 들여다보기로 하였다.

때로는 드높게 푸른 가을의 하늘이 사람의 마음을 더욱 헤집는 쓸쓸함을 부추기기도 한다. 그때의 하늘이 왜 그리도 푸르던지 모르겠다. 붉은 감잎이 외로운 골목에 깔려 있고 침묵처럼 조용하다. 나의 걸음에 낙엽 밟는 소리만이 바스락거린다.

명희네 마당에는 며칠 전에 딴 붉은 고추가 가을볕에 널려 있고 텅 빈 마당에는 잠자리 몇 마리만 허공을 날고 있다. 너무나도 조용한 그녀의 집이었다. 명희는 핏기 하나 없는 얼굴로 모든 것에 희망을 잃은 듯한 표정으로 마루에 멍하니 혼자 앉아 있었다. 어디가 아프냐고 물어도 명희는 아무 대답이 없었다.

말을 한번 시켜볼 요량으로 어디가 아프냐고 다시 물었다. 아무 대답 없이 한동안 침묵이 흘렀다. 널려진 빨간 고추는 여전히 가을햇살에 빛나고 있다. 얼마의 시간이 흐르고, 고개를 숙이고 있던 명희가 그만 뚝뚝 마룻바닥에 눈물을 떨어트리고 있다. 명희 입에서 나온 얘기는 학교 다닐 때 알게 된 어떤 학생과의 사랑 얘기였다.

나는 그동안 명희에게 사귀는 사람이 없는 것으로 알고 있어서 짐짓 놀랐다. 사귀는 데 그치지 아니하고 그의 몸에는 이미 아이가 자라고 있음을 암시받았기 때문이다. 처녀의 몸으로 아이를 낳는 일은 그녀에게 갈림길의 기로에 서게 했다. 고통스러운 일이었다. 어쩌다 그런 일이 생겼는지는 몰라도 감당할 현실이었다.

금방이라도 녹아내릴 것 같은 푸른 물감의 하늘 아래서 고추잠자리가 가을마당을 회전하며 돌고 있다. 널린 고추는 여전히 가을빛을 받고 있다. 무엇이 일어나고 있는지 그들은 아무 관심도 없는 듯했다. 명희는 정말 티 없는 아이었다. 시골의 엄마 일을 돌보는 평범한 소녀였기에 더욱 놀라지 아니할 수가 없었다. 그는 이런 고통을 나에게 고백하고 있는 것이다. 저 언덕에서 사랑이 싹터 자라 가을을 맞아 낙엽 되어 험난한 절벽에 부딪고 있는 것이다. 이렇게 믿고 얘기하는 이유는 그녀의 고민을 어디 터놓고 얘기할 곳도 없을뿐더러 오빠만은 비밀을 지키고 어떤 해결책이라도 있지 않을까 하는 절박한 기대감 때문이었는지도 모른다. 가을바람이 낙엽을 저 모퉁이로 쓸며 지나갔다.

그리고 가을달이 유난히도 빛나던 그날 밤 명희는 그의 집을 나가 종적을 감추어 버렸다. 나는 그가 어디로 갔든지 옳은 결정을 하였을 거라고 믿는다. 그 후 나는 그의 소식도 못 들었고, 그녀를 보지도 못하였다.

그녀는 시와 음악에 관심이 많았던 사춘기 소녀였다. 비록 학업을 잇지 못하고 중도에 그만 두긴 했어도 이름 있는 명시도 곧잘 외웠고, 몇 곡의 팝송도 최신 가요도 모르는 게 없는 듯했던 그녀였다. 명희는 내가 심심하다면 노래도 불러주고 밤새도록 외웠다는 시도 내게 들려주었다. 그러곤 내게도 이야기를 해달라고 조르기도 했다. 명희와 나는 오랫동안 릴케의 시와 하룻밤의 사랑을 간직하며 장돌뱅이로 살아가는 소설 속의 주인공 이야기도 했다. 빈센트 반 고흐의 이루지 못한 몇 차례의 짝사랑, 어둡고 침침했던 그의 생애, 그것을 극복하려 애썼던 그의 그림, 그리고 알퐁스 도데의 이야기도 했다. 명희는 내게 이런 말을 한 적도 있다. 오빠는 누구를 사랑해본 적이 있느냐고? 그가 밤새워 외운 시(詩)라며 내게 들려주던 레미 드 구르몽 시(詩).

'낙엽'

낙엽은 덧없이 버림받아 땅 위에 있다는 시구가 그녀 자신을 가리킨 것 같아 가슴이 찡해온다. 한 남자를 사랑했던 소녀의 꿈이 낙엽처럼 진 것 같아 쓸쓸하다. 그러나 나는 명희의 그 사랑이 결코 헛되지 않을 거라고 믿는다. 그의 사랑은 순수했으니까 사랑 이외의 다른 목적이 없었다는 이유로 아름답고, 사랑의 아픔과 시련이 더욱 성숙한 여인으로 거듭나게 했으므로. 가을빛에 붉게 물든 고추를 따던 그 가을날의 풍경은 그의 아픈 사랑과 함께 잊혀지지 않는다.

살구

고향, 하면 금방 그리운 마음이 든다. 언제나 갈 수 있는 고향이지만 왜 그런지 모르겠다. 하물며 실향민이나 수몰민의 심정은 어떠하겠는가? 여우도 죽을 때는 머리를 고향으로 돌린다고 한다.

내가 자란 고향 땅, 고향이 그리운 이유는 그곳의 사람과 내가 지나던 그 골목과 내가 보던 산천에 내 마음이 서려 있기 때문이다. 고향의 길을 걸을 때는 혼자 걷고 싶다. 내가 지나던 정든 골목길도 그렇고 내게 추억이 서린 그 산천도 그렇다. 내 유년의 이야기, 그 이야기는 내가 내게 하는 얘기지만 그때의 산천이 들려주는 이야기처럼 들린다.

내가 객지로 떠돌아다닐 때도 누군가 막연히 보고 싶은 그리움이 있었다. 그 이유를 살펴보면 내게 고향에 대한 그리움이 도사리고 있었기 때문이었다. 군에 갔을 때도 보고 싶고 외로워 살펴보면 고향이 보고 싶고 누군가 보고 싶었다.

나는 어떤 소녀의 이야기를, 그때의 마음을 여기에 적

어 미안한 마음을 보내려 한다.

소녀의 집에는 아름드리 살구나무가 있었고, 마을 가장자리에는 작은 우물이 있었는데 그 우물에서 나물을 씻기도 하고 물을 긷기도 했다. 소녀는 시골집만큼이나 순박해 보이고 조금은 부끄러움이 많은 듯했다. 그의 집과 우리 집은 앞 동네와 건너 동네이다. 우리 집에서 보면 봄이면 그 집 살구꽃이 뭉게구름처럼 피는 것이 보였다. 같은 동네이긴 했으나 나는 도시로 공부하러 나오고 그녀는 시골에 남아 있는 터라 교분은 별로 없었다. 아마 동생의 동생쯤 되지 않나 싶다.

나는 휴일이라 그때 집에 와 있었다. 우리 집 대문 앞을 어떤 소녀가 지나다가 나를 보고 인사를 했다. 나는 아는 체를 하며 인사를 나누었다. 그녀는 얼굴을 붉히면서 저쪽 골목으로 도망치듯 뛰어갔다.

한동안 오지 못했던 시골집에 다시 왔다. 등 뒤에서 누가 오빠– 하며 불렀다. 그녀였다. 얼굴에는 부끄러움이 여전했으나 먼저처럼 도망은 치지 않고 나를 불러 세운 것이다. 그동안 많이 성숙한 듯 보였다. 오빠 언제 왔어? 우리 집에 살구 먹으러 오세요. 우리 집 살구 맛있다.

그러나 나는 그냥 귓등으로 흘리고 말았다.

그 후 내가 시골에 다니러 왔을 때 어떻게 알고 그녀는 우리 집을 서성이다 나와 마주쳤다. 그녀는 전보다 얼굴을 더 붉히고는 두 손으로 노랗게 익은 살구 두 개를 나에게 건넸다. 그러고는 부끄러운 듯 종종걸음으로 저희 집 건너로 사라졌다. 나는 얼떨결에 노랗게 익은 살구를 받아들고 생전 처음으로 이상한 감정이 일었다. 그녀의 붉게 물든 수줍은 얼굴이 떠올랐다.

보리가 만삭처럼 익어 누런빛을 띠는 여름이었다. 그녀의 살구나무에는 누런 보리 빛보다도 더 노랗게 익은 살구가 그렇게도 알알이 달려 있었다. 여름방학을 맞아 나도 몰래 아무 볼일도 없이 그녀의 집을 지났다. 아마도 이것은 내가 이미 그녀를 사랑하고 있다는 증거인지도 모른다.

저쪽에서 다 큰 숙녀가 무거운 듯 무엇인가 이고 오고 있었다. 직감적으로 나는 그녀라는 것을 알았다. 나는 떨리는 가슴을 진정하고 그녀의 이름을 불렀다. 내가 부르는 소리에 그녀는 몹시 놀라는 듯했다. 그녀의 얼굴은 상기되어 있었고 어쩔 줄을 몰라 했다.

그녀는 물동이를 인 자신의 모습을 보이지 말아야 될 부분을 보인 듯이 안절부절 못했다. 내가 부르는 소리에 놀라 그런 것인지도 모른다. 그리고 머리에 인 물동이에서 똬리가 떨어져 내렸다. 그러다가 무엇에 붙들린 사람마냥 미동도 없이 그러고 서 있었다.

이제는 어떻게 해야 될지를 모르는 듯했다. 나의 가슴도 수없이 쿵쿵거리고 있었다. 우리는 보고 싶고 그리던 사람을 만난 것처럼 서로의 놀람을 이렇게 표출하고 있었다. 한동안 침묵 아닌 침묵이 흘렀다.

그녀는 땅에 떨어진 똬리를 눈을 내려다보고는 난처해했다. 그 똬리가 떨어져 내린 것은 그녀의 놀람을 대변하고 있는지도 모른다. 나는 그녀에게 이렇다 할 애정표현을 한 적은 없다. 살구 두 개를 건넨 그 사랑의 표현은 그 어떤 표현보다도 짙었는지도 모른다.

그 사랑은 이제 내게도 있었다. 시골집에 들어서며 건너편 그녀의 살구나무를 보았다. 아무 볼일 없이 발걸음이 그녀의 집으로 향한 것이다. 이것은 그녀가 내게 살구를 가지고 온 것과 같은 걸음이다. 그녀의 붉게 물든 얼굴이 떠올랐다. 보고 싶은 마음은 그리움으로 변하여 갔다. 보고 싶었던 그녀가 내 앞에 미동도 없이 서 있다. 붉게 물든 그녀의 얼굴은 나의 숨을 멎게 하고 있다. 그녀는 떨어진 똬리에 머뭇거리며 내게 구원의 요청을 하는 게 분명했다. 머뭇거릴 시간이 없다. 나는 떨어진 똬리를 그녀 머리에 다시 올려놓으려 그것을 주워들었다. 그녀는 이제 내게 더 가까이 있다. 나와 그녀의 얼굴은 스치도록 가깝다. 그녀의 얼굴은 더워서 그런지 더욱 붉게 달아올라 있었다. 떨어진 똬리를 머리에 올리려 하자 그녀의 얼굴과 나의 얼굴은 더더욱 가까워졌다.

붉은 얼굴의 온기가 내게 전해졌다. 나의 손은 이제 떨리기까지 했다. 마치 무슨 귀중한 물건을 다루듯 나는 조심조심 더 가까이 그녀의 그 똬리를 올리려 다가서고 있다. 나의 얼굴과 그녀의 얼굴은 서로의 체온을 느낄 만큼 가깝다. 좀처럼 똬리가 올려지지 않았다. 그녀의 이마에는 땀이 송이송이 맺혀 있었다. 나는 어떻게 하면 그것을 머리에 올릴까 더욱 애쓰다가 그만 그녀의 얼굴에 나의 입술을 순간 맞대고 말았다.

그녀는 살며시 눈을 감고 있었다. 모든 걸 맡긴 듯 그녀는 두 눈을 감고 있었다. 눈을 감은 그녀의 얼굴은 말할 수 없는 평화가 있었다. 그녀의 따스한 그 온기 그리고 내가 세상에서 처음 경험한 그 부드러움은 내 가슴에 오랫동안 머물렀다. 그녀의 향기로웠던 머리 향기도 잊혀지지 않았다.

지금은 세월이 많이 흘렀다. 나는 그녀의 살구를 생각했다. 물동이의 똬리가 우연히 떨어진 게 아니라는 것도, 그렇게도 올려지지 않던 그녀의 똬리도 사랑의 표현임을 이제는 안다.

나는 그녀와 나의 사랑이 왜 이루어지지 않았는지에 대해서는 지금도 명확하게 설명을 하지 못하겠다. 서툴렀던 순진함이 그 원인인지도 모른다. 그냥 마음속에 담아놓는 첫사랑 같은 것인지도 모른다. 좋아하면서도 이렇게 헤어지는 경우도 있다. 너무나 가까이 있었으면서도, 서로 사랑했으면서도 그렇게 그렇게 아주 먼 사람이 되는 경우도 있다.

낙가산 기슭에서

가을색(秋色)이 짙은 하늘은 청담(淸潭)같이 맑고 정갈하다. 천천히 걷는 발걸음은 눈이 시리도록 푸른 하늘을 고고히, 이내 눈은 가을색이 젖어가는 저 산에 머물게 한다.

가을 산은 얼룩진 인생(人生)만큼이나 말 못할 사연을 안은 듯 고요히 물들어 가고 있다. 나는 지금 낙가산의 어느 기슭에서 그 하늘과 숲을 보고 있다.

일보(一步)를 움직일 때마다 가을 나뭇잎, 한 잎 한 잎의 시선을 느낀다. 그들은 무슨 사연이나 아는 것처럼 숨을 죽인 채 서 있다. 참나무, 떡갈나무, 싸리나무, 산초나무, 상수리나무 그리고 이름 모를 나무는 서로를 조용한 얼굴로 보고 있다.

좌(左)로 가면 낙가산(洛迦山)의 정상을 지나 구비구비 산등성이를 따라 산성(山城)으로 가는 길이고 우측 길로 접어들면 보살사(菩薩寺)로 가는 길이다. 이 산의 좌측 산 아래는 이정골이고 보살사에서 이정골을 지나 넘는 고개가 구중고개이다. 넘어서면 또 고개, 넘어서면 또 고개, 우리 산은 고개 고개마다 사연이 있고 전설이 있다. 이

고개를 넘은 이가 어디 한둘이었으랴마는 보살사를 창건한 의신(義信)도 이 길을 갔을 터이고, 한 남자를 사랑했던 운선(雲仙)도 이 고개를 넘었을 것이다.

부모산 기슭에 참판의 노비로 있던 그 청년은 신분의 벽에 사랑의 한계를 느끼고 이곳 보살사의 중이 되었다. 청년 노비를 연모했던 참판의 딸 운선은 연모하는 그이가 보살사의 중이 되어 있는 것을 알고 이곳까지 찾아왔다.

의신은 무슨 연고로 이 길을 지나게 되었는가? 그리고 의신은 이 낙가산 기슭에서 무슨 생각에 잠기게 되었는가? 의신이 이곳에 절을 짓고 영적(靈的) 걸음을 딛기까지 수없는 걸음으로 이곳을 향하였을 것이다.

한 걸음 한 걸음 그의 고뇌는 화합과 자비, 모든 이의 평화를 염원하는 구도적 영적 기원과 수심이었을 것이다. 어쩌면 그도 출가(出家)하기 전 한 여인을 지극히 사랑했는지도 모른다.

의신은 이루지 못한 사랑을 구도자의 영적(靈的) 길로 승화시켰고, 운선은 죽어서라도 마음껏 사랑을 나누고자 했던 순결한 여인이었는지도 모른다.

이것은 모두 다 사랑이다.

나는 갈림길에서 이리로 갈까 저리로 갈까를 망설였다.

그들도 어쩌면 수없이 망설였을 것이다. 운선이 부모

산 기슭의 집을 떠나 사랑하는 임을 찾아 이곳에 오기까지는 수많은 밤이 있었을 것이다.

끝내는 신분의 벽에 부딪히고 말았던 그들은 이곳 구중고개에서 저 세상의 사랑을 택하였다. 가을 산의 얼룩진 잎들로 산 전체가 고요하다.

이리 갈까 저리 갈까를 망설이다가 산사(山寺)로 가는 길을 택하였다. 이제 여기는 산중이다. 구중구곡의 어디처럼 천리만리(千里萬里) 떨어져 있는 듯 인간(人間)의 육안은 여기에 머문 듯 산속은 고요했다. 인기척에 놀란 새 한 마리가 숲의 정적을 깨며 나는 소리에 순간 몸을 움츠렸다.

다시 마음에 평안이 찾아왔다.

나는 숲길을 천천히 걸으며 그 산길을 따라 산사(山寺)쪽으로 산행 중이다. 시야에 보이는 것은 온통 나무뿐이다. 이제는 어떤 생각도 없다. 마치 오래전 속세에서 떠난 사람처럼 원시의 무념(無念) 상태에 이르러 숲과 점점 일체가 되어 아무런 생각 없이 가고 있다.

마치 이곳은 어떤 원시림 같다. 산비탈을 따라 넓게 이어지는 산림(山林)은 태곳적 어떤 고요함을 지니고 있고, 숲과 나무 사이로 언뜻 언뜻 보이는 하늘뿐이다.

그러나 이곳에도 가을은 찾아와 작은 나무들의 잎은 주

황, 빨강, 노랑, 갈색으로 갈아입고 있다. 작은 계곡에 가을의 마른 잎이 떨어져 그들도 다시 가는 것이다. 계절의 순환, 영겁의 시간들이 이곳에 머물다 떠나는 듯 그들은 말이 없다.

가을 산의 침묵!

물들어 가는 가을 산에는 언제나 고요와 침묵이 있다.

어떤 때는 삶이란 무엇인가 물으며 길을 갈 때가 있다.

겨울 은하수(銀河水)

사람은 잊혀지지 않고 오래도록 간직되어 회상으로 떠오르는 것이 있나 보다. 어느 길을 걷다가, 그 무엇을 봤을 때, 어떤 그림 전시회에서의 그 그림, 어떤 계절의 그 시점…….

마치 내게는 그런 기억조차 없었던 일상에서 어떤 감정과 뒤섞여 나타나는 애상적 감정 같은 것이다.

문전(門前)에 온통 보리밭이 바람에 넘실대면 황맥(黃麥)의 냄새와 함께 애잔하면서도 쓸쓸한 감정이 스쳐지나갈 때가 있다.

그토록 보리밭이 무성했었지.

어느 계절이 돌아오면 사랑, 외로움, 보고픔, 이런 감정과 뒤섞여 그 출렁이던 보리밭이 떠오를 때가 있다. 바람에 스슥이며 흔들리던 보리이랑, 그리고 누렇게 익은 황맥(黃麥)의 향기.

그날 밤 우리는 보리밭 길을 걸었다. 달빛 아래서 인기척을 느낀 그녀가 부끄러운 듯 나의 등에 얼굴을 묻었다. 그녀가 나의 등 뒤에 얼굴을 묻고 숨었을 때 보리 향기보다 짙은 그녀의 냄새가 여운을 남겼다.

바람에 일렁이는 보리밭과 그 내음, 그리고 알지 못할 그녀의 신비한 향기, 이런 것들이 뒤섞여 애잔하면서도 쓸쓸한 감정이 일 때가 있다.

사월이면 무심천엔 벚꽃이 핀다.

벚꽃이 피면 무심천은 미리내가 된다. 미리내는 은하수(銀河水)다. 무심천 벚꽃이 개울을 따라 길게 흘러내리며 만개한 은색 벚꽃이 하늘 은하(銀河) 같다.

은하는 지금 어디에 있을까?

내게는 은하가 그때 그 모습으로 그대로 남아 있다. 내 마음속의 은하는 언제나 그때의 은하다.

수천수만의 은색 꽃잎이 은하천을 만들어낸다. 그 꽃잎 하나하나가 작은 바람에 떨린다.

인파 속에서 어느 청춘 남녀가 활짝 핀 꽃 사진을 찍는다. 내게 은하의 사진은 가슴속의 사진이다. 누런 보리 향기가 바람에 부서지는 소리도, 그녀의 향기도, 온기도, 찍혀 있는 사진이다.

은하천의 별들이 하늘에서 흐른다. 그 항성들은 가슴으로 길게 뻗어 흐른다. 은하는 은색의 별들이다.

기억 속의 은하는 그리움이다. 은하(銀河)는 하늘의 은하를 닮았다. 은하가 생각날 때면 은하는 은하처럼 다가

와 말을 하곤 한다. 내 기억 속의 은하 그런 은하가 먼 하늘의 별이 되었다.

그해 겨울 은하를 다시 보러왔을 때는 은하는 없었다. 친구 여동생이 오빠에겐 말한다며

은하가 아플 때

오빠 만나면,

"서울 갔다고 그러라고 했어요."

그날 밤 집으로 돌아오는 길 겨울 밤하늘엔 수없는 별들이 반짝였다.